AF453256

GVSTAPHE

OV

L'HEVREVSE

AMBITION.

TRAGI-COMEDIE

DE M^r. DE BENSSERADDE.

A PARIS,

Chez ANTHOINE DE SOMMAVILLE, au Palais,
dans la petite Salle, à l'Escu de France.

M. DC. XXXVII.

AVEC PRIVILEGE DV ROY.

A MONSIEVR

LE MARQVIS DE LA

HVNAVDAYE,

COMTE DE PLEHAREL,

Vicomte de la Guïerche, Baron de Mon-
tafilant, Plancoüet, & de la Houffaye,
&c. Gouuerneur pour le Roy des Ville,
& Chafteau de Difnan, & Capitaine d'v-
ne compagnie de Cheuau-legers, pour le
feruice de fa Majefté.

MONSIEVR,

Il faut que ie combat-
te icy vne de vos vertus pour faire triompher toutes les autres, &
que ie vange l'iniure que fait voftre

á ij

modeſtie a tant de nobles qualitez dont elle étouffe la loüange, ne voulant pas qu'elles ſoient publiees; il y a trop long-temps qu'elle me ferme imperieuſement la bouche, il faut que ie parle, & que ie môtre que la deſobeyſſance eſt quelquefois permiſe où le commandement eſt tout à fait inique. Vous me pardonnerez donc ſi ie fâche vn peu, & ſi ie fay rougir icy cette belle ennemie de ſes propres éloges, & des veritez qui vous ſont auantageuſes. Quand ie diray que pour vous admirer, il n'eſt pas beſoin de ietter la veuë ſur cette vieille, & fameuſe Nobleſſe qui ne compoſe qu'vne legere partie de vos merites, & qu'il ſuffit de vous regarder du coſté de

vous-mesme; quand ie parleray de
ce cœur qui s'est signalé mille fois:
quand ie vanteray cette generosité
franche qui fait le bien de si bonne
grace , qu'on ne sçait si c'est elle
qui oblige , ou si c'est elle qui est
obligee, quand ie loüeray cette so-
lidité de iugement, cette toute par-
ticuliere inclination aux bonnes
choses, ce parfait discernement d'elles, & des mauuaises ; & bref quand
i'exaggereray toutes ces grandes lumieres d'esprit qui vous font vn present de la Nature, & aux autres vn
effort de la science consõmee ; si ie
ne dy que cela, se sera trop peu dire,
vn si simple témoignage sera moins
suspect de flatterie, que d'enuie, ou
de malice, & ie seray tousiours obli-

á iij

gé à vous faire reſtitution de plus de la moitié de voſtre gloire. Tout le monde auoüeroit cette verité, ſi tout le monde auoit veu voſtre belle ame du biais, dont vous m'auez permis de la regarder: c'eſt vn honneur que vous m'auez fait, que ie ne pretens pas payer d'vn liure, & ie ſeray touſiours mal auecque la fortune iuſqu'à tant qu'elle me faſſe naiſtre les occaſions de m'acquiter autrement, & où ie puiſſe vous témoigner comme ie ſuis,

MONSIEVR,

Voſtrē tres-humble & tres-obeyſſant ſeruiteur.
DE BENSSERADDE.

ACTEVRS.

GVSTAPHE. Prince de Perfe incognu.

ORMIN. vieil Perfan habitué au Turqueftan.

AMASIE. fille aifnee du Roy.

ORIANE. fa ieune fœur.

MELISE. fille d'honneur.

ARASPE. Prince étranger amoureux d'Oriane.

LE ROY. de Turqueftan.

CELINTE. Princeffe de Perfe déguifee en Turc.

ZARIR. Frere de Guftaphe.

VN PAGE.

SOLDATS.

ASSEMBLEE.

LA SCENE AV TVRQVESTAN.

GVSTAPHE
TRAGI-COMEDIE.

ACTE I.
SCENE PREMIERE.

ORMIN, GVSTAPHE.

ORMIN.

Ais ne puis-ie sçauoir d'où naist cette hu-
   meur sombre
Qui rend presque ton corps ennemy de son
   ombre,
Et qui quand tu nous vois t'éloigne de nos yeux,
Comme si nostre abord estoit contagieux ?

A

Depuis que parmy nous mon bon-heur te retarde
I'ay pris tant d'interest en ce qui te regarde,
Que ie sens comme toy tous les maux que tu sens:
Mais te voyant si triste en la fleur de tes ans,
Ie croirois que l'amour, & non point autre chose.

GVSTAPHE l'interrompant.

Aprens que ma tristesse a tout vne autre cause,
Et que si mon malheur vient d'vne passion,
Ce n'est point de l'amour, c'est de l'ambition,
Ce petit Dieu de fers, de soupirs, & de flames,
Captiue, fait languir, brule les ieunes ames,
Mais i'ay pris dés l'enfance vn vol bien different,
Et n'ay point recherché d'estre amoureux, mais grand,
En quoy i'ay recognu mon iniustice mesme,
Et mon aueuglement, & ma furie extreme:
Car c'est bien estre iniuste, aueugle, & furieux
Que d'estre né grand Prince, & d'estre ambitieux.

ORMIN.

Que d'estre né grand Prince?

GVSTAPHE.

                Icy pour recompence
Ma bouche te reuele vn secret d'importance,
Et mon cœur le permet, scache qu'en cét aueu
Il me coute beaucoup à te donner si peu:
Donc pour me declarer; depuis quatre ou cinq Lunes
Que ta compassion flatte mes infortunes,

Qui penses-tu nourir? à qui crois-tu parler?
En fin me consolant qui crois-tu consoler?

ORMIN.

Vn aymable étranger dont le front triste, & graue,
Me le fait estimer, & malheureux, & braue.
Mais ne differez plus de me rendre content,
Dittes moy qui i'estime, & qui ie cheris tant.

GVSTAPHE.

Le fils ainé du Roy que la Perse reuere.

ORMIN.

Ha Seigneur!

GVSTAPHE.

            Sois secret, & cache ce mystere,
Si ie n'estois certain de ta discretion,
Tu serois ignorant de ma condition,
Et ie t'aurois caché ce qui fait ma misere,
Si tu n'estois Persan, & suiet de mon pere:
Aussi cette vertu que ie remarque en toy
Iointe à l'amour qu'on a pour le sang de son Roy,
Fait qu'en ma deffiance, & les lieux où nous sommes
Ie découure à toy seul ce que ie cache aux hommes.
Enfin ie ne te dis ce que i'ay touiours tû
Qu'à cause du pays, & de cette vertu.

ORMIN.

Grand Prince, accordez moy cette faueur insigne
De me dire vos maux, si vous m'en iugez digne.

                    G V S T A P H E.

GVSTAPHE.

Quoy, mon nom est Gustaphe, & vous estes Persan,
I'habitois dans Tauris, & vous au Turquestan,
Et vous n'auez point sçeu mes tristes destinees
En ce qui s'est passé depuis quelques annees?

ORMIN.

Vostre esprit ne doit pas s'estonner sur ce point,
Ie vous diray, mon Prince.

GVSTAPHE.

                Ha ne me nomme point!

ORMIN.

Que i'ay dés ma ieunesse abandonné la Perse
Auecque du profit, & non pas sans trauerse,
Car parmy les dangers, & parmy les malheurs,
I'ay veu mille climas, i'ay recognu les meurs
Et d'vn peuple ciuil, & d'vn peuple farouche,
Et i'ay couru les mers où le Soleil se couche,
Le plus beau de mon temps s'est passé sur les flots,
Mais depuis ma vieillesse a cherché le repos,
Et le voulant trouuer parauant que ie meure
I'ay dans le Turquestan étably ma demeure,
Le Soleil vne fois a fait son large tour
Depuis que cet Empire est mon dernier seiour,
Où n'ayant habitude, & cognoissance aucune
Le moyen de sçauoir qu'elle est vostre infortune,
Peut-estre dés long-temps vos malheurs estoient sçeus,

I'estois peu curieux, & l'on n'en parloit plus,
Si bien que peu soigneux de parler, & d'entendre
Ne m'enquestant de rien ie n'ay pû rien apprendre

GVSTAPHE.

Ouy, mais si le renom pour épargner sa voix
Murmure aux faits communs, il crie aux grands ex-
  ploits,
Et qui ne nous deteste, ou ne nous idolâtre
Quand de nos actions vn thrône est le theâtre?
L'Vniuers informé de tout ce que ie fis
Sçait le malheur d'vn pere, & le crime d'vn fils.
Mais puis qu'à ce recit tu m'as voulu contraindre,
Ou ne m'écoute pas, ou commence à me plaindre.

Mon pere ayant atteint le comble de grandeur
Où l'auoit éleué sa genereuse ardeur,
Chargé d'ans, & de gloire, et lassé de la guerre
N'auoit pas essuyé le sanglant cimeterre
Que ie voulus regner, & cette passion
Prit naissance au tombeau de son ambition,
Ie songe à mesme temps, consulte, delibere,
Et voy bien au delà du thrône de mon pere,
Ie recherchay l'appuy de mon frere Zarir,
Mais il me témoigna qu'il aymoit mieux mourir,
Admire, sage Ormin, comme en deux ieunes freres,
Mesme cause a produit des effets si contraires,
Qui de tous les mortel me deust ressembler mieux,
Cependant il est doux, & ie suis furieux,

A iij

Ce qu'il faut imputer bien moins à la nature,
Qu'à la diuersité de noſtre nourriture,
On força mon inſtinct, on troubla ma raiſon,
Et ſi ie ſuis méchant, ie pouuois eſtre bon,
Mais quand ie m'y portois on m'empeſchoit de l'eſtre,
Auſſi l'euenement m'a depuis fait cognoiſtre
Que qui corrompt les meurs qu'vn bon Prince reçoit
Empoiſonne vne ſource où tout le peuple boit,
Veu que le Roy me vit cent ſeruiteurs fidelles,
Et ma rebellion luy fit mille rebelles,
Tous ſes meilleurs ſuiets furent ſes ennemis
Iugeans qu'à mon exemple il leur eſtoit permis.
Parmy les mouuemens de cette aueugle audace
Qui m'eſleuoit ſi haut ſans ſortir de ma place,
Et dans les grands deſſeins qui m'auoient animé
Te le diray-ie, Ormin? i'aymay, ie fus aymé,
D'amour, d'ambition i'eus l'ame toute pleine,
Mais i'euſſe bien ſouffert auec moins de peine
Quand ces deux paſſions ſe querelloient chez moy
De n'eſtre pas aymé que de n'eſtre pas Roy,
Toutefois la beauté qui m'auoit touché l'ame,
Celinte eſtoit ſon nom, ſçeut quelle eſtoit ma flame,
Et voulant mettre à fin ma coniuration
Mon portrait l'aſſura de mon affection.
Depuis le iuſte Ciel m'ayant eſté contraire,
Et s'eſtant declaré contre moy, pour mon pere,
Reduit à me ſeruir par vn dernier effort

D'vne honteuse fuitte, ou d'vne triste mort,
Ie fus abandonné de ces douces pensees
De maistresse, & d'amour, mes delices passees,
Mesme du déplaisir de ne la plus reuoir,
Et ie ne fus suiuy que de mon desespoir,
Portant sous ces habits en plages differentes
D'vn Prince fugitif les miseres errantes,
Me deffiant de tout, vagabond, incertain,
Sans espoir, sans appuy, sans repos, & sans train.
Mon frere qui me porte vne amitié fidelle
Quoy qu'il n'ait point trempé dans le party rebelle,
Instruict secrettement des détours que ie fais
Me promet par écrit de moyenner ma paix,
Mais ie crains que deuant mon malheur ordinaire
Ne m'oblige à quitter cette terre étrangere.
I'oubliois à te dire aussi que la beauté
Qui comme ie t'ay dit tenoit ma liberté,
Et qui brûloit pour moy d'vne flame discrette,
A mis la cour en dueil par sa fuitte secrette,
Toute la Perse ignore en vn coup si soudain
Quelle route elle a prise, & quel est son dessein,
Son ame de l'amour se sera dégagee,
Et comme il m'a changé le temps l'aura changee.
Voila les iustes maux dont ie suis chatié,
I'en parle à ta prudence, & non à ta pitié,
Sçachant que dans l'excés de ma longue misere
L'vne m'est inutile, & l'autre necessaire.

GVSTAPHE.

Que me conseilles-tu?

ORMIN.

Vous donner des conseils,
Et que voftre grandeur en prit de mes pareils?

GVSTAPHE.

Veux-tu me perdre, Ormin, veux-tu que ma ruine
De ton cruel refpect tire fon origine?
Ne fçay tu pas qu'au point où mon fort eft venu
Ma feureté dépend de n'eftre pas cognu?
Car fi le Roy fçauoit & mon nom, & ma playe,
Afin de s'affranchir du tribut qu'il nous paye,
Ou bien craignant mon pere, ou le voulant feruir
Il n'empefcheroit pas qu'on ne me vint rauir.

ORMIN.

Où ne penetre vn cœur que la prudence éclaire,
Mais encore apres tout que pretendez-vous faire?

GVSTAPHE.

Ma refolution eft de viure en repos,
D'empefcher que mon cœur ne craigne à tous propos,
Et d'attendre chez toy, fi ie ne t'importune,
Ce qu'en ordonneront le Ciel, & la fortune.
Mais laiffe moy refuer vne heure feulement,
Ne me refufe pas ce faux foulagement.

ORMIN.

Au contraire fouffrez que l'on vous diuertiffe,
Et ne vous portez point à ce trifte exercice,
Qu'vn plaifir plus parfaict modere voftre ennuy

Vous

Vous ſçauez quelle noce on celebr auiourd'huy,
Vous cognoiſſez l'objet ſi charmant et ſi rare,
En fin vous pouuez voir comme tout ſe prepare:
Et comme les chemins ſont tapiſſez de fleurs.

GVSTAPHE.

Ie ne ſçay, ne cognoy, ne voy que mes malheurs.

ORMIN.

Auiourd'huy l'on ſoumet aux loix de l'hymenee
Des deux filles du Roy, la plus belle, & l'aiſnee,
Or c'eſt vne coutume a qui l'antiquité
A donné de la force, & de l'authorité,
Dont meſme l'origine eſt incognuë aux hommes,
Qui de tout temps s'obſerue au pays où nous ſommes
Que ſans exception toutes filles de Rois,
Epouſent des maris dont elles font le choix,
Cela ſe fait ainſi, dans l'heureuſe iournee
Que l'on doit accomplir vn ſemblable hymenee
Tout le monde s'aſſemble, & richement paré
Se trouue en certain lieu que l'on a preparé,
Et l'on y voit pareſtre en vne pompe extréme
Les Princes étrangers, les Grands, le peuple meſme,
Car tous peuuent auoir meſme pretention
Dans l'inégalité de leur condition;
Auſſi-toſt la Princeſſe auec le Roy ſon pere
Qui la tient par la main (c'eſt la forme ordinaire)
Eſt conduitte en ce lieu ſuperbe, & ſpatieux,
Ou l'eſpoir eſt trompé de mille ambitieux,

B

Car cette belle au point de cesser d'estre fille
Tient vne pomme d'or où le diamant brille,
Et celuy qui luy plaist incognu, Prince, ou non,
La reçoit pour épouse en receuant ce don.
Vn si beau, si charmant, & si nouueau spectacle
Au cours de vostre ennuy n'est pas vn foible obstacle,
Croyez-moy, partagez ce diuertissement
Qui ne vous peut donner que du contentement,

GVSTAPHE.

Veux-tu qu'auec la cour tout vn peuple me voye
Répandre mes soûpirs sur la commune ioye,
Qu'on voye s'alterer en des plaisirs si doux
Par le chagrin d'vn seul l'allegresse de tous?

ORMIN.

Là vous pourrez cacher ce front, & sa tristesse,
Et vous pourrez si bien vous couurir de la presse,
Tant le lieu sera plain de l'vn à l'autre bout,
Qu'on ne vous verra point, & que vous verrez tout.

GVSTAPHE.

Va, ie cede aux raisons que ton esprit me donne,
A tes sages conseils mon destin s'abandonne,
Et ie laisse en tes mains comme en mon heureux port
Tout ce que i'ay sauué du débris de mon sort,
Ouy puisque tu le veux i'assiste à ce mystere
Moins pour me diuertir qu'a dessein de te plaire,
Mais deuant tant de monde au moins ressouuiens toy
De m'appeller ton fils si tu parles à moy.

ORMIN.

Il n'eſt rien qu'aiſement ie ne leur faſſe croire
Pourueu que voſtre front auguſte, & plein de gloire
D'où l'on voit tant de pompe, & tant d'éclat ſortir
Ne nous trahiſſe point, & me laiſſe mentir.

SCENE DEVXIESME.

AMASIE. ORIANE.
MELISE.

AMASIE.

Conſeillez-moy, ma ſœur, & vous ſage Meliſe,
Qui de tant d'amoureux il eſt bon que i'éliſe,
Songez combien m'importe vne telle action,
Et que mon ſort dépend de mon élection,
Cette neceſſité me ſurprend, & m'étonne,
La pomme que ie donne elle meſme me donne,
Si ie la fay tomber dans vne indigne main
Elle m'entraiſnera par le meſme chemin,
De meſme que l'honneur la honte eſt mutuelle,
Elle fera de moy ce que ie feray d'elle.
Hâ combien de beautez voudroient ce que ie crains,
Et ſe réjouyroient du mal dont ie me plains,
Parce qu'elles pourroient obliger vne flame

Que quelque digne obiet allume dans leur ame,
Que leur felicité me semble auoir d'appas,
Elles ont de l'amour, mais moy ie n'en ay pas.
Que feray-ie, Oriane?

ORIANE.

                        Há, ma sœur Amasie,
Ne vous mettez iamais dans cette fantaisie
De me vouloir contraindre à vous préter secours,
Conseiller mon aisnee en matiere d'amours,
Ie suis ieune, ma sœur, & de plus glorieuse,
Ieunesse qui conseille est vn peu dangereuse,
En suiuant mes aduis vous vous feriez du tort,
Et ne les suiuant pas vous m'offenceriez fort,
Recherchez, si vous plaist le conseil salutaire
D'vne autre que de moy.

AMASIE.

                        Que vous m'estes seuere!

ORIANE.

C'est bien ne l'estre pas que de l'estre en ce point.

AMASIE.

Hé bien, cruelle sœur, ne me conseille point.
Qu'en pensez-vous, Melise, à qui dois-ie la pomme?

MELISE.

Madame, au plus vaillant, au plus genereux homme,
A celuy que l'honneur, la sagesse, & le sang
Font le plus approcher de vostre illustre rang.

ORIANE.

Ouy comme si ma sœur penetroit de la veuë
Les belles qualitez dont vne ame est pourueuë,
Verra t'elle des yeux la gloire, le bon-heur,
La generosité, la noblesse, l'honneur,
La vaillance, l'esprit, & les mœurs innocentes,
Toutes ces qualitez dont les aisles puissantes
Eleuent vn époux au dessus du commun:
Et c'est pourtant des yeux qu'elle en doit choisir vn.

AMASIE.

Helas c'est bien aussi ce qui fait ma souffrance,
Ie voy ces importuns d'vn œil d'indifference,
Et ie n'ay pour pas vn le courage enflamé.

ORIANE.

Pour moy ie n'ayme point, & n'ay iamais aymé,
Que si ie ressentois ce feu digne de blame,
Ie supplirois les Dieux de me l'oster de l'ame.
Mais quoy que vostre esprit s'en puisse imaginer,
Si i'auois comme vous vne pomme a donner,
Sans faire comme vous la triste & l'empeschee,
De tous les seruiteurs qui m'auroient recherchee,
Possible est-ce à mon sexe vn sentiment nouueau,
Deuinez qui l'auroit?

AMASIE.

Qui ma sœur?

ORIANE.

Le plus beau:

MELISE.

Ce conseil est fort bon.

AMASIE.

Vostre bel œil peut-estre
En penetrant les cœurs sçait l'art de recognoistre,
Par les beautez du corps l'esprit, & ses appas.

ORIANE.

C'est ce que ie ferois, vous ne le faites pas.

AMASIE.

Ie le feray pourtant puisque c'est de ma veuë
Ou que ie me fay viure, ou bien que ie me tuë,
Le hazard sera grand si contre mon souhait
Le plus aimable corps n'a l'esprit le mieux fait.
Ouy ma pomme est donnee, & comme cette pomme
Qui seruit de matiere au iugement d'vn homme,
Et qui fut d'vne ville autrefois le tombeau,
Estoit pour la plus belle, elle est pour le plus beau.

MELISE.

Que sur vous la raison conserue son Empire,
Et priez seulement le Ciel qu'il vous inspire.
Allons, sage Princesse, on attend apres vous,
Et tout est preparé.

AMASIE.

Bien donc preparons nous.
O ciel! puisque mon cœur ne brule pour personne,
Que ie garde la pomme, ou que ta main la donne

ACTE II.
SCENE PREMIERE.

ORIANE. ARASPE. MELISE.

ORIANE.

E N fin Mars vous empesche en ce bien-heu-
 reux iour
D'assister au combat où doit vaincre l'amour,
Et de voir ou ma sœur tournera l'œil, & l'ame
Sur le choix d'vn mary ?

ARASPE.

   I'en suis fasché, Madame,
Mais i'ay commission d'aller tout de ce pas
Mener contre Artaban vn renfort de soldas
Le feu seditieux qu'allume en la prouince
L'insuportable orgueil d'vn temeraire prince,
Dont la rebellion subsiste dans ce fort
Ou quoy que l'on l'assiege il n'est pas le moins fort,

Merite que mon bras par sa force l'éteigne,
Et depuis trop long-temps la diuision regne,
Au moins i'auray l'honneur de la vaincre à vos yeux,
Tant ce fort qui resiste est proche de ces lieux,
C'est ce qui me console, & qui fait que mon ame
Ne m'abandonne point en vous quittant, Madame.
Car ie ne veux point voir cette illustre action,
Qu'y ferois-ie sans flame, & sans pretention?
Ie ne partage point l'interest d'vn autre homme,
Ce ne sera pas vous qui donnerez la pomme.

ORIANE.

Ie vous sens bien venir par ce subtil détour,
Mais l'importunité me déplaist en amour.
Si l'on brule pour moy ie veux que l'on se taise,
Ainsi souuenez-vous, si vous aymez vostre aise
Que quelques maux qu'vn cœur puisse pour moy souf-
  frir,
Ie les veux ignorer quand ie les veux guerir.

ARASPE.

Si vous plaist me contraindre à cette violence
Ie veux garder, Madame, vn eternel silence,
Puissiez-vous ne me voir que d'vn œil de courroux,
Si ie vous dy iamais que ie brule pour vous.

ORIANE.

Ainsi i'approuueray vos passions discrettes,
Et ie les aimeray si ie les voy muettes,

Vous

Vous pourrez voir vn iour vos deſtins fortunez,
Adieu, ſoyez vainqueur, Araſpe, & reuenez.

Il r'en-
tre.

SCENE DEVXIESME.

MELISE. ORIANE.

MELISE.

QVel fauorable arreſt voſtre voix luy prononce!
Il s'en va plus content d'vne telle réponce,
Plus fier, plus glorieux que s'il auoit ſoumis
Le pouuoir inſolent de tous nos ennemis.

ORIANE.

N'ay-ie pas adoucy le mal qui le tranſporte,
Et n'ay-ie pas bien fait de parler de la ſorte?
Ioindre ainſi la douceur à la ſeuerité,
C'eſt ce qui ſe pratique auec difficulté,
Peut-on, ſans me flatter d'vne vaine loüange,
Faire de deux vertus vn plus parfaict mélange,
En ſa credulité cet eſprit bien-heureux
S'eſtime autant aymé comme il eſt amoureux,
Et ſi ie n'ay rien faict contre la bien-ſeance.

MELISE.

Poſsible n'eſt-il pas trompé par ſa creance.

C

GVSTAPHE

ORIANE.

Tu penſes que ie l'ayme, & ie ne penſe pas
Qu'il ſoit vn digne obiet de mes moindres appas,
Aurois-ie de l'amour pour vn ſexe infidelle?
Eſtant ſi ieune encor ſerois-ie criminelle?
Vn cœur comme le mien iamais ne s'engagea,
A peine eſt-il formé, brûleroit-il déja?
Et perdroit-il ſi-toſt cette douce franchiſe?
Non, non, ie n'ayme point, ie le ſens bien, Meliſe.
Mais penetre mon ame, & voy ſes mouuemens,
Il eſt vray, i'ay pour luy de certains ſentimens,
Qui nous ſont incognus filles comme nous ſommes,
Et que ie n'eus iamais pour tous les autres hommes,
Lors que de ſa preſence il honore ces lieux
Ie croy qu'on en reſpire vn air plus gratieux,
Quelque ſeuerité dont vne fille s'arme,
Il a dans l'entretien ie ne ſçay quoy qui charme,
Et s'il m'offre les veux de ſon affection,
Ie ſens les repouſſant certaine émotion;
Maintenant qu'on l'enuoye aſſieger ce rebelle
Ma pauure ame qui ſouffre vne atteinte nouuelle,
Quoy qu'à noſtre ſuiet il s'occupe auiourd'huy,
Fait moins de vœux pour nous qu'elle n'en fait pour
   luy.
Quel eſt-ce mouuement, iniuſte, ou legitime?
Et par quel terme enfin faut-il que ie m'exprime?
C'eſt peut-eſtre vne eſtime, vne approbation,

C'eſt vne bien-veillance, vne inclination,
Mais de ce dernier mot la rudeſſe eſt extréme, +

MELISE.

Cela s'appelle amour.

ORIANE.

                    Ie penſe donc que i'ayme,
Ou ſi ie n'ayme pas ie me ſens en ce iour
Des diſpoſitions à reſſentir l'amour;
Te monſtrant quel demon regit ma fantaiſie
I'ay deſſein que par moy tu iuges d'Amaſie,
Elle eſtant mon aiſnee, eſt-ce pas la raiſon
Qu'elle ait pris deuant moy d'vn ſi ſubtil poiſon?
C'eſt afin que ton cœur perde cette creance
Que ma ſœur, Amaſie, eſt dans l'indifference,
Pour t'oſter en vn mot l'erreur où ie te voy
De croire qu'elle doute à qui donner ſa foy,
Iuge par moy qu'elle ayme, & qu'elle diſſimule,
Son cœur eſt conſommé ſi déja le mien brûle,
L'âge veut qu'elle agiſſe en vn point plus parfait,
Et ſi i'ayme à demy, qu'elle ayme tout à fait.

MELISE.

Et quand elle aymeroit, quoy, penſez-vous, Mada-
me,
Que le feu d'Amaſie excuſe voſtre flame?
Qu'elle ayme, ſon amour ſe rend iuſte auiourd'huy,
Et puis l'on peut faillir à l'exemple d'autruy.

ORIANE.

Ma mignonne, en ce point ta creance t'abuse,
Ce qui fait mon peché fait aussi mon excuse.
Allons, ie desirois t'entretenir icy,
Mais tu me veux railler.

MELISE.

Et vous raillez aussi.

SCENE TROISIESME.

GVSTAPHE.   ORMIN.

GVSTAPHE.

A Ttendrons nous long-temps ? icy la patience
M'est vne vertu rude en son experience.

ORMIN.

C'est par elle qu'vn bien se rend delicieux,
Et qui plus l'attendoit aussi le goûte mieux.

GVSTAPHE.

Il est vray qu'il fait beau donner la matinee
Au spectable pompeux de ce rare hymenee,
Où l'on voit cent riuaux étaller en vn iour
Et la magnificence, & l'espoir, & l'amour,
Où l'on void vne fille en beauté sans seconde

'Monſtrer par vne pomme aux yeux de tout le mon-
   de
Les deſirs de ſon cœur amoureux, & diſcret,
Et faire vn feu public de ſon braſier ſecret,
Où l'on voit en vn mot tant de ſuperbes ames
Diſputer à l'enuy du beau prix de leurs flames,
Tous vouloir ce threſor dont ils ſont amoureux,
Et le bon-heur d'vn ſeul faire cent malheureux:
C'eſt le plus beau cercueil où la melancholie
Pour quelque peu de temps puiſſe eſtre enſeuelie,
Mais tous ces paſſe-temps accroiſſent mon ennuy,
Et quelques doux plaiſirs que l'on m'offre auiour-
   l'huy,
Mon chagrin s'en irrite, & cet opiniaſtre
En augmente ſa force afin de les combattre;
Auſſi voulant bien voir vn acte ſi fameux
Ie fay ce qu'il te plaiſt, non pas ce que ie veux,

ORMIN.

Donnez rêue aux penſers qui vous font touſiours
   plaindre
Et vous diuertiſſez ſans pourtant vous contraindre,

SCENE QVATRIESME.

ORMIN. GVSTAPHE. LE ROY.

AMASIE. ORIANE.

MELISE affemblee.

ORMIN.

MAis voicy.
GVSTAPHE
Que de monde, éloignons-nous, Ormin.
ORMIN.
Non, non, retirons-nous feulement du chemin
GVSTAPHE.
Quelle pompe!

ORMIN.
Admirez dans cette companie
L'adorable fuiet de la ceremonie.
GVSTAPHE
Quoy celle que l'on mene, & qui baife les yeux?
ORMIN.
Ouy.

GVSTAPIE.
Qui tient vne pomme?

ORMIN.
Elle-mesme.
GVSTAPHE.

                O bons Dieux,
De quelle maiesté sa grace est honoree!
Iunon deuant son Iuge estoit bien moins paree,
Minerue moins pudique, & la ieune Cypris,
Ne parut pas si belle alors qu'elle eut son prix.
Vrayment de tant d'appas cette belle est comblee
Qu'elle meriteroit plus que cette assemblee,
Et si par tout le monde on les auoit crûs tels,
Elle auroit attiré la moitié des mortels,
Les plus parfaits amans dont cette cour abonde
S'ils esperent icy, sont les plus vains du monde,
Qui pourroit sans audace apporter en ce lieu
L'espoir auec l'amour a moins que d'estre vn Dieu?
Derriere ces riuaux de qui l'ame est atteinte
D'arrogance, & d'amour, d'esperance, & de crainte,
Voyons sans estre veus qui receura ce don,
Qui de tant d'Ixions embrassera Iunon,
En dépit des malheurs dont le sort m'importune
Ie prendray du plaisir à sa bonne fortune.
      LE ROY *parlant à l'assemblee.*
Artaban ce rebelle enferme dans son fort,
Nous ne deuons pas craindre vn violent effort,
Déja plus que ma main son remors le châtie,
Il n'est pas en estat de faire vne sortie,

Outre que nos soldats le preſſent viuement,
Araſpe en mene encor par mon commandement,
Si bien que cette illuſtre, & ſuperbe aſſemblee,
D'aucun triſte accident ne peut eſtre troublee.
Ma fille, ſuiueZ donc faiſant vn noble choix,
Tout ce que vous preſcrit la plus vieille des loix,
Que le peuple témoigne vne allegreſſe inſigne
Apres l'election, & quand i'en feray ſigne.
Mille braues Seigneurs d'vne amoureuſe ardeur
Vous preſentent, ma fille, & la main, & le cœur.

GVSTAPHE.

Icy tout brûle, & tremble.

AMASIE.

     Hâ, mon Prince, & mon Pere!
Car c'eſt en ce doux nom ſeulement que i'eſpere,
Que ie ne faſſe rien qui ſoit mal à propos,
Il y va de l'eſtat, & de voſtre repos,
Il faut pour maintenir l'honneur de la couronne
Vn digne ſucceſſeur, & c'eſt moy qui le donne,
Que voſtre Maieſté regarde ſi luy plaiſt
Dans quel bon-heur ie ſuis, dans quelle gloire elle eſt,
Par cette élection d'vne importance extréme
On peut voir dans le trouble, & moy, Sire, & vous-
  meſme,
Et vos pauures ſuiets que ie plains plus que moy,
Ie me donne vn époux, mais ie leur donne vn Roy.
D'ailleurs, s'il m'eſt permis, & ſi ie puis ſans blâme,

Expoſer

Exposer à vos yeux les secrets de mon ame,
Ie mets tous ces amans dans vn ordre commun,
Et ie les voy bien tous, mais n'en ayme pas vn,
I'ayme la chasteté, ie la veux tousiours suiure,
Si vous m'auez fait naistre, helas! laissez moy viure.

GVSTAPHE

La princesse repugne au choix de son époux,
Et son pere l'y force.

ORMIN.

                    Hé quoy le croyez-vous?
Elle brule de voir son amour pure, & fainte,
Mais l'honneste pudeur l'oblige à ceste feinte.

LE ROY.

Il faut subir ce ioug, & n'en point murmurer,
Vous auez eu du temps à vous y preparer,
Ce breuuage est plus doux, qu'il n'est plain d'amertu-
me,   **ORIANE**
C'est mon vouloir, ma fille, & puis c'est la coustume.
Qui pour fauoriser vostre secret desir
Vous offre mille amans, & vous laisse choisir.

AMASIE.

Helas qu'elle est mauuaise!

ORIANE.

                    Elle me semble bonne.

AMASIE.

Quand on ne me prend pas il faut que ie me donne,
A quel étrange coup me dois-ie preparer?

                                        D

ORIANE.

Auez vous resolu de vous desesperer ?
Le Ciel vous a-t'il faict l'obiet de sa rancune ?
Examinons vn peu quelle est vostre infortune,
Et sur quoy vous fondez vn si grand desespoir.
Hé bien c'est vn mary que vous allez auoir,
L'hymen en quelque chose a dequoy nous déplaire,
Et c'est vn accident qui n'est pas ordinaire,
On a quelque raison de luy donner des pleurs,
Aussi l'on se console en de pires malheurs,
Moderez vos transports, que vostre vertu fasse
Ce que feroit la mienne estant en vostre place,
Si ce qu'on vous permet ne m'estoit interdit.

AMASIE.

Helas que feriez-vous ?

ORIANE.

            Ie vous l'ay déja dit.

AMASIE.

Ie vous entens, ma sœur, mais c'est ce qui me tuë
Que tous également déplaisent à ma veuë.

LE ROY.

Espoir de ma vieillesse, auise à me donner
Vn chef qu'auant ma mort ie puisse couronner,
A l'honneur de mon Sceptre, au bien de la patrie,
Voy, regarde, consulte, & choisis ie te prie.
Vous Princes, vous Seigneurs, illustres concurrens,

Reculez quelques pas, élargissez vos rangs,
Qu'elle vous considere auec plus d'auantage.
GVSTAPHE.
O Dieux! parmy ces gens le malheur nous engage,
Que ferons-nous, Ormin?
ORMIN.
                    Ne nous remuions pas.
GVSTAPHE.
Ie ne puis auancer, ny reculer vn pas,
Ainsi vû ie ressens, & la honte, & la crainte,
Ton diuertissement me vaut cette contrainte.
LE ROY.
Ma fille, voyez donc qui vous aymez le mieux.
AMASIE.
Helas où vous plaist-il que ie tourne les yeux?
Ie voy tousiours constante, & sans estre ébranlee
Vne troupe importune à ma perte assemblee,
Puis que la liberté m'est vn bien deffendu.
GVSTAPHE.
Elle a les yeux sur nous, Ormin, ie suis perdu.
ORMIN.
Quoy, si loin du peril vous manquez de courage.
AMASIE.
Dieux! quel nouueau rayon brille dans ce nuage,
Qui comme vn trait de feu penetre dans mon cœur
Ha l'amour le commande, adorons ce vainqueur,

En quelque rang qu'il soit ie veux qu'il me possede,
O superbe dédain, ie vous perds, & ie cede,
I'ay creu quand l'ignorois ce qu'amour fait souffrir
Que ie m'abaissois trop en me daignant offrir,
Mais de ce doux obiet ne me pouuant deffendre
En luy donnant mon cœur prions-le de le prendre,
Il peut ioindre au refus vn mespris signalé,
Si ie luy fais vn don de ce qu'il a brulé.
Tout beau, songe Amasie, a quoy tu te bazardes,
Et considere vn peu l'obiet que tu regardes,
C'est vn homme à tes yeux beau, charmant, retenu,
C'est tout ce que tu veux, mais c'est vn incognu,
Tu ne sçais s'il est noble, & genereux, & braue,
Et qui te met aux fers est possible vn esclaue,
L'apparence est trompeuse, arreste ailleurs ton choix,
Et pour en faire vn bon ne voy point, mais cognois,
Ouure les yeux de l'ame, et regarde ces Princes
Qui pour te posseder ont quitté leurs Prouinces,
Ne les contemple point dans ce faste éclattant,
Car l'autre d'vn trait d'œil l'efface en vn instant,
Mais dans ces qualitez qui ne sont iamais veuës,
Et dont comme tu sçais leurs ames sont pourueuës,
Aussi tant de vertus, & la gloire, & l'honneur
Ne font pas le repos, l'aise, ny le bon-heur,
Ne deliberons plus, les charmes d'vn visage
Sont ce que nostre sexe estime dauantage,
C'est l'vnique thresor que nostre main saisit,

Et la beauté triomphe où la fille choisit.

LE ROY.

C'eſt aſſez conſulté, ie me laſſe d'attendre
Qu'on choiſiſſe vn époux, & qu'on me donne vn gen-
*   dre,*

AMASIE.

Ouy, Seigneur, il eſt vray, c'eſt aſſez conſulté,
I'obeis ſans contrainte a voſtre Maieſté,
O vous qui dë ſi loin m'apportez vos franchiſes,
Ie les plains de les voir à moy ſeule ſoûmiſes,
Car vous n'ignorez pas en cet hymen preſſant,
Que ie n'ay qu'vne pomme, & que vous eſtes cent;
Si mon ame pour tous pouuoit eſtre embraſee,
Quelle pût eſtre enſemble, & pure, & diuiſee,
A tous elle, & ma foy ſeroient vn don commun,
Et ie ferois pour tous ce que ie fay pour vn.
Mais i'eſpere que ceux qui n'auront point la pomme
Conſerueront pourtant le feu qui les conſomme,
S'ils m'ont touſiours aymee, ils ſouffriront ce point,
Et s'ils m'ayment encor, n'en murmureront point,
Si leur affection eut de la violence,
Ils m'en aſſureront par vn ſage ſilence,
Ce que i'eſtimerois au delà du pouuoir,
Si la parfaite amour ne ſuruiuoit l'eſpoir,
Ainſi que pour mon choix perſonne ne murmure,
Qu'on l'eſtime vn deſtin, & non pas vne iniure,
Et que l'on ſorte apres ſans honte, ſans dépit,

GVSTAPHE.

Sans alteration, ie le veux, il suffit,
Ie puis bien obtenir ce que ie vous demande,
Ie suis vostre maistresse, & ie vous le commande ;
Qui receura de vous vn present si fatal ?
Dieux ! retenez ma main si ie le donne mal.

GVSTAPHE.

Enfin de m'eschapper ie conçoy l'esperance,
Elle medite vn choix qui m'en donne asurance,
Le mystere s'acheue, icy nous allons voir
Mille espoirs étouffez par vn heureux espoir.

ORIANE.

Que ma sœur, iuste Ciel, trouue en cet hymenee
Ce qui rend pour iamais la fille fortunee,
Et méprisant l'éclat des Princes, & des Rois
Qu'elle choisisse enfin comme ie choisirois.

MELISE.

Qu'à ses yeux la vertu se fasse recognoistre.
Mais, ô Dieux ! c'en est fait.

AMASIE.

      Qui que tu puisses estre,
Etranger, ou cognu, Prince, ou suiet, reçoy,
Auecque cette pomme, & mon cœur, & ma foy.

MELISE.

Tous ces grands abusez, quittent nostre presence,
O merueilleux effet de leur obeyssance !
On ne voit sur leurs fronts ny honte, ny dépit,
Et leur flame subsiste où leur espoir perit.

LE ROY.

Voyons quel heureux chef partage ma couronne,
Quel est-ce gendre enfin que le destin me donne,
Parlez, heureux mortel.

GVSTAPHE.

Surpris, rauy, confus,
Ne sçachant qui ie suis, i'ignore qui ie fus,
Sont ce des voluptez solides, & parfaittes,
Madame, est-il bien vray?

LE ROY.

Mais sçachons qui vous estes.

ORMIN.

Veillay-ie? ou si ie dors?

GVSTAPHE.

O bien-heureuses loix!

LE ROY.

Quelle est donc vostre race; & quels sont vos exploits?

GVSTAPHE.

Ie ne veux point vanter ny mes faits, ny ma race,
Et ie doy ma fortune à vostre seule grace,
Vous ne receurez point de mensonges de moy,
Ce vieillard est mon pere, & vous estes mon Roy,
Ie voy bien que déja vostre Maiesté blâme,
Estant ce que ie suis, le choix qu'a faict Madame,
Pource qu'à mon dommage elle baisse les yeux,
Et qu'au lieu de me voir, elle voit mes ayeux,

Mais auecque le temps ma vertu luy peut plaire,
Ie veux qu'elle m'estime, et qu'elle considere,
Au point où ie pretens mon renom signaler,
Non, d'où ie suis venu, mais où ie puis aller.

LE ROY.

L'excés de ton bon-heur n'altere point ma ioye,
Et tu le meritois, & le Ciel te l'enuoye,
Va l'en remercier puis qu'il hayt les ingrats,
Oriane, & Melise, accompagnez ses pas.

ORIANE.

De quelles actions l'amour n'est-il capable,
Si ma sœur a failly, i'ayrois esté coupable.

MELISE.

Que nous nous seruons mal des droits que nous auons!

ORMIN.

Heureux fils ! heureux pere !

LE ROY.

Allez, nous vous suiuons.

SCENE

SCENE CINQVIESME.

LE ROY. AMASIE.

LE ROY.

Comment vous parleray-ie ? & quelle est la ha-
     rangue,
Que le ressentiment peut mettre sur ma langue.
Qui serue à ma douleur d'vn legitime frain?
Vous parleray-ie en pere, ou bien en Souuerain?
Et de quelle façon vous plaist-il qu'on vous traitte?
Vous faut-il appeller ma fille, où ma suiette?
I'apprens que vous tenez, & l'vn, & l'autre rang
Par vostre élection, & par mon propre sang.
Quel successeur bons Dieux ! si ta main me le donne,
Destin, Roy du desordre, oste moy la couronne,
Plustost qu'apres ma mort ie reçoiue l'affront
Que mon bandeau royal couure vn indigne front.
Quoy falloit-il tromper l'espoir de mille Princes
Qui vous offroient leur vie auecque leurs Prouinces,
Et peindre sur ce front d'vne mesme couleur
Par vostre choix iniuste, & ma honte, & la leur?
Quoy falloit-il se rendre à cette vaine pompe
D'attraits, & de beauté, foible éclat qui vous trompe,

E

Et brûler en vn mot d'vn flámbeau diſſolu?
Il ne le falloit pas, mais vous l'aueʒ voulu.

AMASIE.

Quoy, voſtre Maieſté me reprend d'vne choſe
Dont l'on ſçait qu'elle meſme eſt la premiere cauſe?
Son abſolu vouloir a mon choix precedé,
Et ſi ie n'auois fait ce crime commandé,
I'en aurois commis vn contre l'obeyſſance,
Et i'ay par ce forfaict ſauué mon innocence,
Outre qu'ayant ſuiuy mon inclination
Ie ne me plaindray point de cette élection.

LE ROY.

Ouy, vous allez iouyr d'vn bon-heur manifeſte,
Vos deſirs ſont contens, il n'importe du reſte,
Il a fallu, ma fille, en ce bien-heureux iour
Sacrifier l'Empire, & ſa gloire à l'amour;
O blâme! ô deshonneur d'vne fille, et d'vn pere!
Qu'eſt-ce qu'elle poſſede, & qu'eſt-ce qu'il eſpere?
C'eſt bien là ce preſent que l'on attend des cieux,
Ce ieune Conquerant, ce Prince audacieux,
Qui doit pour accomplir nos vieilles propheties
Croiſtre de mon état les bornes r'accourcies,
Et qui doit voir vn iour ſous ſa puiſſante main
Les reſtes glorieux de l'Empire Romain,
C'eſt bien là ce heros que nos Mages promettent,
Et ſous qui l'on verra, comme tous le ſouhaittent,

Le Soleil diuisé par le glaiue trenchant
Fléchir à son leuer, & craindre à son couchant,
Bref qui fauorisé du demon de la guerre
Mettra dans le croissant la moitié de la terre.
Nous affranchira-t'il par ses glorieux coups
De ce honteux tribut que la Perse a de nous?
Pourra-t'il faire teste à mille petits Princes
De qui l'ambition regarde mes Prouinces?
Aura-t'il seulement le courage assez bon
Pour détruire Artaban, & sa rebellion?

AMASIE..

Biē qu'il soit moins que Prince il peut plus entreprēdre,
Et porter la victoire aussi loin qu'Alexandre,
Quel si brillant renom ne peut-il pas ternir
Animé de l'honneur de vous appartenir?
Suiuant l'ordre commun des plus vulgaires choses
Souuent les grands effects ont de petites causes,
Les fleuues sont ruisseaux à leur commencement,
Et tel sçait bien courir qui marche lentement.
Suffit que son visage a de tres nobles marques,
Qu'il porte dans ses yeux ce qui fait les Monarques,
Et qu'il semble estre plus que les autres ne sont,
Son cœur est genereux, si l'on en croit son front.

LE ROY.

Puis qu'il n'est pas né Prince, il doit bien le parestre,
Et s'il est genereux, il a besoin de l'estre,
Qu'il le soit, s'il espere apres moy de regner,

E ꝫ

Et qu'il cherche à se perdre afin de me gagner,
Au reste, i'abolis cette couſtume inique,
Comme pernicieuſe à la choſe publique,
Qui cauſe qu'à la honte on fait ceder l'honneur,
Et ie romps le poignard qui m'a percé le cœur.

ACTE III.
SCENE PREMIERE.

AGVSTAPHE.

Ve le fort est volage, & sa faueur commune,
On ne doit qu'en mourant accuser la fortu-
   ne,
Il faut iusqu'au trépas suspendre sa douleur,
Et le malheur qui tuë est seulement malheur,
Eussay-ie crû tombé du plus haut de sa roue
Qu'vne si belle main m'eut tiré de la bouë,
Afin de m'éleuer au superbe sommet
Ou la seule naissance, & la gloire nous met?
Vne telle splendeur cependant m'enuironne
Que i'épouse vne femme, auecque vne couronne,
Ce qui peut contenter deux seueres tirans,
Dont l'vn ma gouuerné des mes plus ieunes ans,
Et dont l'autre commence à partager mon ame,

Ma vieille ambition, & ma nouuelle flame,
Car i'ayme, & i'ay goûté ce doux contentement
De m'estre veu mary deuant que d'estre amant.
O prompte, & viue ardeur du feu qui me consomme!
Echange glorieux d'vn cœur, & d'vne pomme!
Coustume fauorable, & bien-heureux plaisir,
Où la possession deuance le desir!
Ce qui reste au bon-heur dont i'ay l'ame assouuie,
C'est de dire mon nom, ma naissance, & ma vie,
Celle qui tient ma foy m'en estimera mieux,
Et nous contenterons ce pere ambitieux,
Qui me voit d'vn œil triste à son thrône pretendre,
M'estimant son vassal aussi bien que son gendre;
Aussi faisant parestre, & Gustaphe, & ses maux,
Ie crains de retomber en mes premiers trauaux,
Ma resolution est long-temps en balance,
Non, non, découurons nous, l'excés de la prudence
Nuit à ceux qui sont nez sous de tristes aspects,
Et les plus mal-heureux sont les moins circumspects.
Mais si de mes malheurs la Cour est informee,
Empescheray-ie apres que cette Renommee
Par son caquet malin n'excite contre moy
Les iustes sentimens, & d'vn pere, & d'vn Roy
Qui vit mes actions brutales, & farouches,
Et rendray-ie muette vne femme à cent bouches?
Lors que des mains du Prince on voudra me r'auoir,
Si ie me veux deffendre en ay-ie le pouuoir?

La foibleſſe du Roy, le tribut ordinaire
Dont il maintient ſon Sceptre, & qu'il paye à mon pere,
La guerre qu'on luy faict dans ſes propres états,
Vne rebellion qu'il ſe voit ſur les bras,
Tous ces puiſſans motifs font que ie m'imagine
Que mon nom reuelé me perd, & le ruine.
Mais quoy, mon iugement, qu'eſtes-vous deuenu?
Pourray-ie icy long-temps demeurer incognu?
Ie me fay fils d'Ormin qui n'a point de famille,
Et ſuiet de ce Roy dont i'épouſe la fille,
Ou me croit, et faut-il s'eſtonner de ce point,
On ne me vit iamais, on ne me cognoiſt point,
Mais lors que de plus prés on voudra voir l'affaire,
Qu'on voudra penetrer le fonds de ce myſtere,
On cognoiſtra bien-toſt, ſi l'on y veut ſonger,
Qu'Ormin n'a point d'enfans, & qu'il eſt étranger.
Sus donc il faut parler, mais enfin la prudence
Pour la derniere fois m'impoſe le ſilence.
Bien donc cachons encor des ſecrets importans,
Et pluſtoſt que de nous prenons conſeil du temps;
Cependant puis que Mars regne en cette Prouince,
Seruons nous du courage, & de la main d'vn Prince.
Ciel! ie fie à ton ſoin les biens que tu me fais,
Çauſe de mon bon-heur, protege tes effets.

SCENE DEVXIESME.

LE ROY. ARASPE. AMASIE. ORIANE. MELISE. GVSTAPHE.

LE ROY.

PVisque c'est vne triste, & sanglante fortune
A toute ma famille égallement commune,
Tous doiuent s'affliger comme c'est la raison
Que le coup qui me touche ébranle ma maison,
Mes filles, approchez, & venez comme telles
Prendre vne triste part en ces tristes nouuelles,
Vous, qu'vne pomme oblige à semblable soucy,
Puis que le sort le veut, vous en estes aussi.

ARASPE.

Est-ce là ce mortel dont le bon-heur extréme
A faict tant de ialoux?

ORIANE.

Araspe, c'est luy-mesme.

LE ROY.

Donc le Ciel est d'accord qu'vn perfide suiet
Acheue impunément vn si lâche proiet.

Que

Que ſa rebellion triomphe de ma gloire,
Et que noſtre dépoüille honore ſa victoire?

ARASPE.

Ie ne ſçay ſi le ciel ſeconde ſes efforts,
Mais s'il n'y conſent point, ſes crimes ſont bien-forts,
I'entreprendrois en vain de le reduire en poudre,
Et ce nouueau Geant demande vn coup de foudre.
I'eſtois auec les miens ſorty de la Cité,
Suiuant l'ordre receu de voſtre Maieſté,
Et déja nous eſtions aſſez loin dans la plaine,
Alors qu'vn fugitif tout tremblant, hors d'haleine,
Et que de ſon chemin l'on auoit diuerty,
Me vient dire, accourez, le rebelle eſt ſorty,
Voyez noſtre eſperance à l'extréme reduite,
Ce bon auis cauſa le pardon de ſa fuite,
Ie me haſte, & ie voy ce furieux combat
Où les noſtres eſtoient en vn piteux eſtat,
Artaban paroiſſoit auec beaucoup de gloire,
Et qui voyoit les ſiens auoit raiſon de croire,
Qu'vn ſuiet legitime encourageoit ſes gens,
Et que les aſſiegez eſtoient les aſſiegeans.
Auſſi-toſt ie viens fondre aſſiſté de mille autres
Reſolus de les vaincre, & ſecourir les noſtres,
Mais pluſieurs dans le ſang noyoient leurs triſtes
   iours.
Implorans la vengeance, & non pas le ſecours:
Toutefois mon ſecours en ſauua plus de mille,

F

Et s'il n'eut esté prompt, il estoit inutile,
Le combat eut duré, mais l'ennemy content
Du gain de son laurier se renferme à l'instant
Montrant que de l'honneur de sa belle sortie
La surprise auoit fait vne bonne partie,
I'ay mis des espions, i'ay disposé nos gens,
Mes soins ne pouuoient pas estre plus diligens.

LE ROY.

Aussi de mon repos d'autres que vous me priuent,
Et vous ne causez pas les malheurs qui m'arriuent,
Ie sçay bien que sans vous, & sans vostre vertu
Ie verrois le débris de mon thrône abatu,
Sans vous qui prolongez ma triste destinee
La malice des miens se verroit couronnee,
Me rauissant le iour, & mes droits absolus,
Ie suis infortuné, mais ie ne serois plus.
I'ay negligé ce feu quand ie pouuois l'esteindre,
Mais il faut l'auoüer, ie commence à le craindre.

GVSTAPHE.

Telle crainte est loüable, elle a souuent esté
Cause de la victoire, & de la seureté,
Cet orgueil dont iadis la force fut compagne,
Qui fit de tant de monts vne seule montagne,
Des foudres écrasé perit sans qu'il eut peur,
Et le Ciel qui craignit en demeura vainqueur,
De cette passion l'ame doit estre atteinte,
Et la prudence mesme est vne noble crainte,

C'eſt la timidité qui rend les eſprits bas,
Qui preuoit ſemble craindre & pourtant ne craint pas.
Si par quelques moyens il nous eſtoit poſſible
D'attirer au combat ce mortel inuincible,
Ce ſeroit ſon honneur comme noſtre intereſt,
Glorieux, inſolent, & ſuperbe qu'il eſt,
L'heur de nos ennemis nous pique le courage,
Et ſouuent leur victoire eſt à noſtre auantage,
Tel ſeroit mon conſeil, ſi ſans temerité
I'en oſois preſenter à voſtre Maieſté.

ARASPE.

Cet eſprit ſouſtiendroit le faix d'vne Prouince,
Sire, il vous eſt vtile.

LE ROY.

                    Araſpe, il n'eſt pas Prince,
Et dans mon infortune au moins i'ay ce bon-heur
Que ie m'en puis deffaire auecques de l'honneur.

ARASPE.

Hâ Sire! vous feriez vne perte trop grande.

LE ROY.

Son ſang n'eſt pas illuſtre, il faut qu'il le répande.
Mon fils, car la couſtume, & les loix de Iunon,
Et ma fille, ont voulu que vous euſſiez ce nom,
Le peril euident où ie voy que nous ſommes;
Mais puis-ie entretenir le vulgaire des hommes,
Vn ſuiet que ma fille éleue en ce haut rang?

GVSTAPHE.

Sire, que vous plaist-il? n'épargnez point mon sang.

LE ROY.

Forçons-nous toutefois. enfin ie vous veux dire
Que l'éuident peril où ie voy cet Empire,
Dont le mal qui s'accroist veut vn prompt appareil,
M'oblige à me seruir de vostre heureux conseil;
Ie pourrois bien leuer vne puissante armee,
Dont l'aspect reduiroit l'insolence en fumee,
Mais ce moyen facile à vaincre vn orgueilleux,
Outre qu'il seroit lent, me seroit perilleux,
Par là ie monstrerois ce que mon ame celle,
Et mon peuple verroit que ie crains vn rebelle,
Dans ces occasions la maxime d'vn Roy
Est de parestre ferme en son plus grand effroy,
Vne telle reuolte en peut susciter mille
Quand la punition en parest difficile,
Ce moyen d'Artaban me peut rendre vainqueur,
Mais il feroit cognoistre, & sa force, & ma peur,
Il vaut mieux que sans bruit vostre valeur combatte
De peur qu'à nostre honte & l'vne, & l'autre éclatte,
Et qu'imitant ce Prince vn peuple reuolté
Ne deuienne insolent par ma timidité,
Mon fils, ramassez donc le débris du naufrage,
Auec ce peu de gens échappé de l'orage,
Combattez ardemment pour ma fille, & pour nous,
Et deffendez sans peur ce qui doit estre à vous,

Dans ce iuste proiet si le Ciel ne vous aide,
Il en faudra venir à l'extreme remede,
Et si sur nous le traistre a des lauriers nouueaux,
Armer contre son crime, & la terre, & les eaux.

GVSTAPHE.

Quel éclat ne defere au lustre de ma gloire?
Ie ne fus iamais vain, mais ie commence à croire,
Tres-grand, tres-inuincible, & tres-auguste Roy,
Que vostre Maiesté fait estime de moy:
Aussi veux-ie si bien employer mon épee
Que son opinion n'en sera point trompee,
Et qu'elle auoüerà mesme apres d'heureux combas
Que i'aurois bien esté ce que ie ne suis pas,
Souffrez ma vanité, si dans mon auenture,
La fortune auoit fait autant que la nature,
Et que si ce thresor d'honneur, et de beauté
Se pouuoit meriter, ie l'aurois merité.
Accordez-moy donc, Sire, vn pouuoir legitime
D'obeyr aux transports de l'ardeur qui m'anime,
Que i'obtienne à l'instant par vn superbe effort
La gloire du triomphe, ou l'honneur de la mort.

LE ROY.

Suiuez, sans receuoir des mouuemens plus calmes,
Cette noble chaleur qui fait germer les palmes,
Qu'elle ne soit pas vaine, & que tout de ce pas
Vous marchiez vers ce fort qu'assiegent nos soldas,
Araspe cependant contre nostre auersaire

F iij

Aßemblera pour vous vn secours necessaire.
ARASPE.
Me voulez-vous priuer d'vn si rare bon-heur,
Et me faire pecher contre les loix d'honneur
En ne partageant pas ce sanglant exercice?
Hâ Sire! il ne faut pas que ie vous obeiße,
A son genereux sang ie veux meßer le mien.
GVSTAPHE.
Aßisté d'vn tel bras ie ne redoute rien:
De vos forces le traistre à les siennes formees,
Ce sont dents de serpent que vous auez semees,
Dont la vigueur debile en deux ou trois combas
Se perdra d'elle-mesme, & ne durera pas.
LE ROY.
Changez donc promptement, puis que le temps nous
    preße,
En vn pompeux effet cette riche prcmeße,
Ecoutez, Oriane, & vous, Araspe, außi.
GVSTAPHE.
Ie ne pars point sans vous.
ARASPE.
                    Ie l'entens bien ainsi.

SCENE TROISIESME.

AMASIE. GVSTAPHE.
MELISE.

AMASIE.

Toy dont mon ieune cœur s'eſtant fait la victi-
   me,
Preſque en le commettant a reparé ſon crime.
Iaſte, & cher poſſeſſeur de l'eſprit, & du córps,
A qui ma chaſte honte a cedé ſes threſors,
Si tu me cognois bien, ie ne ſuis point honteuſe
De t'auoir fait l'obiet de ma flame amoureuſe,
Mon feu ſi violent, & ſi pur, & ſi prompt
Me brûle bien le cœur ſans me rougir le front,
Sans croire que ton ſort excede tes merites,
Faiſant des veux pour toy ie les fay ſans limites,
Et celle dont l'amour purement immortel
Sur vn thrône te met, t'eut mis ſur vn autel,
Ce qu'on peut adiouſter à des pompes royalles
Tu le poſſederois, car mes mains liberalles
Ne te couronnent pas pour épargner l'encens,
Ie t'ayme, cher époux, tu le ſçais, tu le ſens

GVSTAPHE.

Ie le sçay, ie le sens, & c'est pourquoy, Madame,
Ie m'ignore moy-mesme, & ne sens pas mon ame,
Ie doute si mon corps ne vit pas dans les Cieux,
Et si ie ne boy point dans la coupe des Dieux,
Car qu'vn homme possede vne beauté diuine,
Qu'il ne sommeille pas, & qu'il se l'imagine,
Qu'il s'estime en si belle, & si douce prison,
Et n'ait pas dans les sens abysmé sa raison,
Bref qu'il ait tant de gloire, & si peu de merites,
C'est là que le bon-heur a posé ses limites,
La fortune, & l'amour bornent là leur pouuoir,
Et c'est la qu'on possede au delà de l'espoir.

AMASIE.

Ie ne te parle ainsi qu'afin de faire en sorte
Que tu ne doutes point de l'amour qu'on te porte,
Quelques sanglans effects qu'on veüille de ton bras.

GVSTAPHE.

Aussi, Reyne des cœurs, n'en douteray-ie pas,
Vne si belle main, ces beaux yeux, ce langage
Me font de vostre amour vn trop fidelle gage,
Madame, & plût au Ciel pour comble de mes biens,
Comme ie sçay vos feux que vous sceussiez les miens,
Ie ne me croiray point l'obiet de vostre haine
Deussiez vous m'ordonner vne mort inhumaine

AMASIE.

Mais me le iures-tu?

GVSTAPHE.

GVSTAPHE.

                              I'en appelle à ferment
De tous les elemens le plus pur element,
Ce feu saint, & sacré qu'en ces lieux on adore,
Et ce feu vehement dont l'ardeur me deuore,
Pour vous plaire ma main par vn coup violent
Arracheroit mon cœur demy vif, & sanglant.

AMASIE.

C'est trop, Melise, vn mot.

GVSTAPHE.

                              A quoy tend ce mystere?
Que veut-elle de moy? que pretend elle faire?
Ie crains, & ie desire.

AMASIE.

                              Allez, ne tardez pas.

MELISE.

Ie l'apporte, Madame, & reuiens de ce pas.

GVSTAPHE.

Est-ce que vous voulez qu'elle apporte sur l'heure
Dequoy contraindre vne ame à quitter sa demeure?
Le genre de ma mort vous agreant me plaist,
Soit fer, flame, ou poison.

AMASIE.

                              Vous verrez ce que c'est.

GVSTAPHE.

I'attendray son retour, & cependant, Madame,
Penetrez s'il se peut, les secrets de mon ame,

                                          G

Pensez que i'y conserue vne amoureuse ardeur
Plus pour voſtre beauté que pour voſtre grandeur,
Le faſte du dehors n'arreſte point ma veuë,
Plus haut que voſtre thrône elle s'eſt eſtenduë,
A trauers cette pompe & de gloire, & d'honneur
Ie vous contemple nuë, & c'eſt là mon bon-heur:
Il eſt vray ie poſſede vne fortune inſigne,
Et des proſperitez dont ie me ſens indigne,
Mais ie poſſede auſſi voſtre cœur genereux,
Cette poſſeſſion me rend bien plus heureux,
Auſſi veux-ie à vos yeux que le fer, ou la flame
Prouue la ſainte ardeur que i'ay pour vous dans
　　　l'ame,
Et quoy que vos bien-faits nous éleuent ſur tous,
Si mon bon-heur permet que ie meure pour vous,
Ie veux que mon trépas ait pluſtoſt l'apparence
D'vne preuue d'amour, que de recognoiſſance.

AMASIE.

Mais quoy, ſi ie t'oblige en cette extremité
A faire vne action de generoſité,
Si dans ma paſſion ie parois inhumaine,
Si mon amour agit comme agiroit la haine,
Si ie te veux contraindre au lieu de l'empeſcher
A répandre ton ſang qui deuſt m'eſtre ſi cher,
Helas quels ſentimens auras-tu de ta femme?
Pourras tu croire encor que tu ſois dans ſon ame!

Quoy que ton seul obiet soit ce qui l'entretient?
Ouy, tu me l'as iuré. mais Melise reuient.

SCENE QVATRIESME.

AMASIE. GVSTAPHE.

MELISE.

AMASIE.

TOn espouse te donne, & te ceint cette épee,
Qu'elle soit dans tes mains noblement occupee,
Et donnant à ta gloire vn magnifique rang
Paroisse toute rouge, & fumante de sang.
C'est a mon grand regret qu'il faut que ton courage
S'expose à des dangers ou la gloire l'engage,
Et que ta propre femme, hâ rigoureuse loy!
T'exhorte à les tenter triste & plaine d'effroy,
Plût au Ciel t'esloigner du peril des alarmes,
Et ne me pas contraindre à te donner des armes,
Mais nostre mauuais sort fait parestre en ce iour
Vne necessité plus forte qu'vn amour.
I'ay voulu de ma foy te donner assurance
De peur que ton esprit auec iuste apparence,
Me voyant t'inspirer la valeur dans le sein
Ne soupçonnast en moy quelque mauuais dessein,

Peur toutefois iniuſte autant comme elle eſt vaine,
Car bien que mon amour ſe déguiſaſt en haine,
Sans te rien reprocher, ce que i'ay fait pour toy
Ne rend que trop certains mon amour, & ma foy:
Ceux qui n'aguere ont veu comme ſans te cognoiſtre
De mes biens, & de moy ie t'ay rendu le maiſtre,
Comme en titre d'époux tu m'as eſté donné
Par vn choix dangereux, et pourtant fortuné,
Et qui verront auſſi comme ie ſuis contrainte
A te perſuader de combattre ſans crainte,
Mettront cet acte au rang des plus nobles effets,
Et parce que i'ay fait ſçauront ce que ie fais,
Car quelque iugement qu'en faſſe tout le monde,
Ma premiere action explique ma ſeconde.

GVSTAPHE

De moment en moment ie me voy plus heureux,
O cœur vrayment royal, & vrayment genereux!

AMASIE.

Au lieu de m'amuſer à répandre des larmes
Ie t'anime aux combas, ie te preſte des armes,
Et peut-eſtre par là crois-tu que mon grand cœur
Prefere a tes beaux iours vn vain éclat d'honneur,
Mais ta chere moitié te coniure de croire
Qu'elle t'ayme bien plus qu'elle n'ayme la gloire,
Et qu'elle ne t'excite à chercher ce faux bien
Que pour en appuyer ſon repos, & le tien,
Sçache qu'à nos plaiſirs la gloire eſt neceſſaire,

Et que ce que i'en fay i'ay raison de le faire.

GVSTAPHE.

Qui ne succombera sous mes nobles desseins
Puis que ie suis armé par de si belles mains?
Il faut executant ce que le Roy desire
Vous payer de mon sang.

AMASIE.

                              Ie ne te l'osois dire,
Le Roy veut t'estimant indigne de mon choix
Que tu t'en rendes digne auecque tes exploits,
Voy si t'encourageant mon amour fait vn crime,
Ou si c'est à bon droict qu'à vaincre ie t'anime.

GVSTAPHE.

Que i'accepte auec ioye vn si noble present,
Vous pensez m'outrager en me fauorisant,
Et quoy vous presumez que ce beau don me fasche,
Pardonnez-moy, Madame, où vous me iugez lasche,
Ou vostre esprit sans doute est encore à sçauoir
Combien sur vn grand cœur la gloire a de pouuoir.

AMASIE.

Ie sçay que des dangers tu formes tes delices,
Et cette cognoissance est vn de mes supplices,
A te voir ie te iuge incapable d'effroy,
Et seulement ton front me fait craindre pour toy;
Va pourtant, va combatre; hâ d'vne double crainte
Ie sens que ma pauure ame est viuement atteinte,
L'vne, que i'apprehende à l'égal du trépas

GVSTAPHE.

Que tu ne sois trahy du Demon des combas,
Ie fremy quand i'y pense, à peine ie respire.

GVSTAPHE.

Et l'autre, ma Princesse ?

AMASIE.

Helas dois-ie la dire!
Ie crains.

GVSTAPHE.

Que craignez-vous?

AMASIE.

Ie crains que vostre feu
Vif, & prompt comme il est s'éteigne, ou dure peu,
Enfin que cette amour que vous m'auez iuree,
Dont la mienne veut estre à iamais assuree,
Ou vienne à n'estre plus apres auoir esté,
Ou qu'vn peu de mépris soüille sa pureté.

GVSTAPHE.

Hé Madame! há bons Dieux!

AMASIE.

Ce n'est pas que i'estime
Vostre cœur amoureux capable de ce crime,
Qui d'Enee autrefois obscurcit le renom,
Et dressa le bucher de la triste Didon,
Ny pour vous en parler selon ma conscience,
Que mon peu de beauté cause ma deffiance,
Ie m'assure d'ailleurs, & vous estime tant
Que ie croy qu'il faut plus pour vous rendre inconstant.

Mais ma peur legitime a bien vne autre cause,
Car enfin quand ie songe, & que ie me propose,
Comme dégenerant de cet illustre sang,
Ie fais vne action indigne de mon rang,
Et choisis vn simple homme au mépris de ces Princes
Qui vont rougir de honte au sein de leurs Prouinces,
Et que faisant de vous vnique élection,
Sans rien considerer ma seule passion,
Donne vn fils à mon pere en sa vieillesse extréme,
Vn Prince à nostre peuple, vn époux à moy-mesme,
Ie crains non sans raison qu'à vostre iugement
Ie n'aye agy pour vous vn peu legerement,
Et que cette action quoy qu'à vostre auantage,
Parte d'vn trop aueugle, & trop lâche courage:
Et comme il est besoing que mon honnesteté
Supplee en son excés à mon peu de beauté,
Et que de ma vertu vostre ame soit atteinte.
Voila ma veritable, & plus sensible crainte,
I'ay peur qu'auprés de vous ie ne me sois fait tort
Et vous aymant si-tost, & vous aymant si fort.
Mais i'obeys aux loix que l'amour m'a prescrites,
Et si c'est vn deffaut, il vient de vos merites.

GVSTAPHE.

Quoy, me traitter, Madame, auecque du respect,
Voulez-vous me confondre, ou vous suis-ie suspect:

AMASIE.

Ce respect vous est deu, puis que mon cœur vous ayme

Que ie suis voStre femme, & voy que le Ciel mesme
Voulant iuStifier les deuoirs qu'on vous rend
A mis sur voStre front ie ne sçay quoy de grand,
Mais brisons (cher époux) va faire des miracles,
Et de noStre deStin romps les fascheux obStacles,
Souuiens-toy toutefois de ne pas t'engager,
Et qu'AraSpe auec toy partage le danger,
Que ta gloire soit belle, & ne te couSte guere,
Contente toy pluStoSt d'vne palme vulgaire,
Enfin oblige ensemble & mon pere, & mon feu,
Sois seur dans le peril, fay beaucoup, & fay peu.

Vœu à Mars.

PuiSSant Demon des armes,
Effroyable moteur des sanglantes allarmes,
Comme il part glorieux du butin de mon cœur,
Qu'il reuienne vainqueur.

GVSTAPHE.

Vœu à l'amour.

PuiSSant Demon des charmes,
Amour, toy qui fais rire, & fais verser des larmes,
Comme ie pars chery de qui m'a consommé,
Que i'en reuienne aymé.

ACTE

ACTE IV.
SCENE PREMIERE.

AMASIE. LE ROY.

ORIANE à genoux.

AMASIE.

Ien ne vous touche, Sire, ô Dieux est-il pos-
ſible   (ſible,
Qu'à cet heureux ſuccés vous reſtiez inſen-
N'eſtes-vous pas content du choix de mon époux?
Que luy faut-il encore, & qu'en deſireʒ-vous?
Que n'a fait la valeur de ce genereux homme?
La teſte du rebelle a bien payé ma pomme,
Il merite l'honneur de vos affections,
Couronneʒ ſans regret ſes nobles actions:
Cette fauſſe nobleſſe où le renom corſiſte
Eſt la vertu qui fut, mais ſa vertu ſubſiſte,

H

Ne venant que de luy n'en vaut-elle pas mieux?
Et pourquoy voulez-vous qu'il doiue à ses ayeux?
Il faut que ses trauaux luy gagnent vostre grace,
Et ce qu'Alcide a fait pour meriter sa place,
Mon époux le fera pour meriter ce nom,
Mon amour luy sera la haine de Iunon,
Ne rendez pas mon sort triste, ny ridicule,
Ie suis moins que le Ciel, il n'est pas tant qu'Hercule.
Non qu'il me soit fascheux de le voir s'engager
Pour le bien de l'état dans vn iuste danger,
S'agissant de l'honneur de vostre Diadème
Comme i'ay déja faict ie l'armeray moy-mesme,
S'il recule, il est, Sire, indigne de son rang,
Et moy de vos faueurs, si ie pleure son sang,
Mais que cette vaillance à propos découuerte
S'occupe à vostre gloire, & non pas à sa perte,
Qu'il rompe ces Demons ennemis de la paix,
Mais qu'on n'en forme point quand il les a deffaits.
Voicy le premier coup dont i'ay eu l'ame atteinte,
I'ignorois la douleur, la tristesse, et la crainte,
Ie n'auois point cognu ce qui fait soûpirer
Depuis que la raison nous enseigne à pleurer,
Et ie baigne vos pieds de mes premieres larmes
Pour ce triste vainqueur qui s'expose aux alarmes,
Malheureux de iouyr de mes cruels appas,
Mais bien plus malheureux de ne vous plaire pas.

Leuez-vous.

AMASIE.
Non, Seigneur, la peine que i'endure.
LE ROY.
Hé bien demeurez donc en la mesme posture,
Cette sumißion pour vn honteux obiet
Ne deshonore pas la femme d'vn suiet.   Il i'entre.

SCENE DEVXIESME.

AMASIE. ORIANE.

AMASIE.

O Que sensiblement cette rigueur me preße!
Que ce cruel reproche augmente ma tristeße!
Peut-estre sa réponse obligeroit mes veux,
Si loin de luy parler pour vn cœur genereux,
Ma pitié pour vn Prince employoit tous ses char-
  mes,
Et si mon œil versoit d'ambitieuses larmes.
Superbe qualité, riche present des Cieux,
Vertu, qui triomphez de nos audacieux,
Soleil, qui dißipez nos tenebres dernieres,
Peu d'aigles en ce lieu soustiendront vos lumieres,

H ij

Plutost qu'à mon suiet on vous fasse souffrir,
Adorable vertu, que ne puis-ie mourir;
Mais afin de languir les malheureux demeurent,
Et la mort à regret ferme des yeux qui pleurent.

ORIANE.

De grace, chere sœur, ayez l'esprit constant,
Vous n'auez pas raison de vous affliger tant,
Quand ce n'est qu'à ce point que le sort se courouce,
Ie tiens que la constance est vne vertu douce.

AMASIE.

Helas que dites-vous! quand ce n'est qu'à ce point,
Quoy, peut-on?

ORIANE.

Mais, mon Dieu! ne vous emportez point,
Ecoutez seulement si mes raisons sont vrayes,
Vous plaignez vostre époux & vainqueur, & sans
   playes,
Arasse retourné sans blessures aussi,
Comme vous le sçauez, nous en assure ainsi,
Vous pleurez au bon-heur que le Ciel vous enuoye,
Et de peur de iouyr d'vne parfaite ioye,
Vous allez dans le temps, pour flatter vostre ennuy,
Rechercher des malheurs incertains comme luy;
Hâ ne vous rendez pas vous mesme infortunee,
N'allez point au deuant de vostre destinee,
Attendez le retour d'vn mary glorieux,
Ne pleurez que de ioye, et rendez grace aux Dieux

Dont en ce beau succés la bonté se contemple.
A M A S I E.

Helas i'en ay receu des faueurs sans exemple;
Faisons de nouueaux vœux en leur sacrifiant,
Et les prions encore en les remerciant.

SCENE TROISIESME.

GVSTAPHE. SOLDATS.
ils sortent du fort.

GVSTAPHE.

INuincibles guerriers, compagnons de ma gloire,
Enfin nous iouyssons d'vne entiere victoire,
Il reste à triompher apres auoir vaincu,
L'insolence n'est plus, le rebelle a vescu,
Apres tant de combas vn coup de cimeterre
A fait voler le chef de cette iniuste guerre,
Ses complices deffaits, captifs, blesseZ, ou morts,
Ont seruy de matiere à vos nobles efforts.
Mais d'vn pareil succeZ ie ne fay point de conte,
Si ce n'est vn degré par ou ma gloire monte,
Ce n'est pas là, Soldats, qu'il en faut demeurer,
Il faut passer plus outre, & ne point endurer,
Que sous voftre Empereur le Croissant diminuë,

Mais que par vos exploits sa grandeur continuë.
Retournez, cependant, & visitez le fort,
S'il y reste quelqu'vn, qu'il échappe la mort,
Desarmez seulement vne trouppe éperduë,
Et n'ensanglantez point cette place renduë,
Qu'ils sortent dépoüillez, mais sortent seurement.

SOLDATS.

Nous executerons voſtre commandement.

SCENE QVATRIESME.

GVSTAPHE seul.

STANCES.

O Toy des affligez l'esperance commune,
    Sacré maiſtre de la fortune,
Qui fais agir ce tout par vn secret reſſort,
Ie te rends grace, ô Ciel ! dont la main charitable
    Forçant les caprices du sort
Fait d'vn mal-heur iniuſte vn bon-heur équitable.

Tous ces puiſſans remords la suite de mon crime
    Rendoient ma peine illegitime,

Cependant mon malheur ne m'abandonnoit pas,
Et presque dans le cours d'vne mesme iournee
L'amour, & le Dieu des combas
De myrthe, & de laurier ma teste ont couronnee.

***

Vn pere souspirant pour le choix de sa fille
Comme indigne de sa famille
M'exposoit aux fureurs de ces nouueaux Titans,
Il souhaittoit ma perte, & mes armes sont telles
Que ie triomphe à mesme temps
De ses perfides vœux, & de mille rebelles.

***

Mais cette heureuse palme acquise à leur dommage
Est moins l'effect de mon courage
Que de ce don receu d'vn obiet plain d'appas,
Dieux ! dequoy s'assouuit l'ambition d'vn homme,
Vn thrône m'eut semblé trop bas,
Et ie suis glorieux d'obtenir vne pomme.

***

Celles qu'vn amoureux en sa course vn peu lente
Sema sur les pas d'Atalante
N'auoient point cet éclat dont la mienne reluit
Et si ie la iettois dedans vne assemblee,

Elle cauſeroit plus de bruit
Que celle qui troubla les nopces de Pelee.

❧❧❧

Combien la receuant ay-ie receu de flame,
    Auſſi le change de mon ame
Offence vne beauté qui iadis m'engagea,
Qu'elle me voudra mal d'auoir quitté ſes charmes,
    Helas il me ſemble déja
Que i'entens ſes souſpirs. & que ie voy ſes larmes.

SCENE CINQVIESME.

GVSTAPHE. SOLDATS.

CELINTE   vetuë en homme.

GVSTAPHE.

Ais quel bruit ? & d'où vient que ce ieune Soldat
Contre quatre des miens ſi vaillamment ſe bat?
SOLDATS.
Rends, c'eſt noſtre butin, contente noſtre enuie.
GELINTE.
Vous ne me l'oſterez qu'en m'arrachant la vie,

Ce fer me seruira d'vn legitime appuy.
SOLDATS.
Voicy noſtre Empereur.
CELINTE.
                    Hé bien parlons à luy.
GVSTAPHE.
Arreſtés-vous, amis, quelle eſt voſtre querelle?
CELINTE bas.
Dieux que vois-ie! há mon œil, vous eſtes infidelle.
GVSTAPHE.
De voſtre different faites-moy le rapport,
Et moderez vn peu ce violent tranſport.
SOLDATS.
Nous auons rencontré ce ieune temeraire
Dans les priſons du fort.
CELINTE bas.
                    Le Ciel m'eſt trop contraire,
Pour offrir ce remede à ma calamité.
GVSTAPHE.
Hé bien?

SOLDATS.
L'ayant tiré de ſa captiuité,
Sans que nous crûſſions faire vne riche conqueſte,
Nous l'auons apperceu qui cachoit vne boëſte
A qui cent diamans d'vn éclat nompareil
Donnoient vn luſtre égal à celuy du Soleil,
A cette occaſion pas vn de nous n'eſt triſte,

Pour auoir ce butin on le preſſe, il reſiſte,
Soutenant iuſqu'icy noſtre effort violent
Touſiours opiniaſtre, & touſiours reculant.

GVSTAPHE.

Mais croit-il s'échapper?

SOLDATS.

Son audace eſt extréme.
Parlez au General.

GELINTE.

Hâ c'eſt luy!

SOLDATS.

C'eſt luy-meſme.

CELINTE.

Ie ne reſiſte plus, & ie mets dans vos mains
Le fer qui ſoûtenoit mes iniuſtes deſſeins,
Mais à quelque butin que vous puiſſiez pretendre,
Ce n'eſt qu'à voſtre chef que ie m'en vay le rendre,
Encore eſt-il beſoin que vous n'y ſoyez pas,
Pour vn iuſte ſuiet.

GVSTAPHE.

Retirez-vous, Soldas.

SCENE SIXIESME.

CELINTE. GVSTAPHE.

CELINTE.

Ov voila ce qui rend ma peine vagabonde ;
Ce que i'ay tant cherché sur la terre, & sur l'on-
de,
Voyez, beau Caualier, ce butin vous est dû,
Mais iugez si i'ay tort de l'auoir deffendu.

GVSTAPHE.

Vois-ie auec mon portrait vne amante laissee?
O Dieux ! ce triste obiet retrace en ma pensee
Des feux, vne inconstance, vn pere, & son courroux,
Veillay-ie, ou si ie dors? que vois-ie? ou sommes nous?
C'est elle, en vn instant mon bon-heur se renuerse,
Vous puis-ie voir, Madame, ailleurs que dãs la Perse?
Qui peut causer en vous vn tel déguisement?
Et que cherchez vous seule, & sous ce vestement?

CELINTE.

Tu me cognois trop bien pour ignorer la cause
Qui faict qu'à cent malheurs tous les iours ie m'expose,
Tu sçais trop que ie cherche à te prouuer ma foy,
Et que ie ne respire, & n'agis que pour toy.

L'amour que i'eus pour toy dés ma plus tendre enfan-
　　ce,
Le plaisir de te voir, l'ennuy de ton absence,
Mille amans rebutez, vn seul Gustaphe aymé,
La crainte de te perdre en te voyant armé,
Le dessein de te voir, ou de cesser de viure,
Vn prompt déguisement, ma fuite pour te suiure,
Tout ce que sur la terre on sçauroit éprouuer,
Dix mille écueils trouuez en te voulant trouuer,
Mes biens dont vn corsaire assouuit son enuie,
Mon sexe recognu, le danger de ma vie,
Des larmes, des souspirs, vne captiuité,
Et ce que ie te garde à peine en seureté.

GVSTAPHE.

Quoy ie suis le suiet d'vn si triste voyage?
Vous l'auez fait pour moy?

CELINTE.

　　　　　　　　　I'eusse fait dauantage.

GVSTAPHE　tout bas.

Ciel! faut-il qu'abusant cette rare beauté
Mon change soit le prix de sa fidelité!
Mais enfin Amasie est l'obiet de ma flame,
Elle doit estre Reyne, & de plus c'est ma femme.
Quelle confusion! Madame, qu'en deux mots
I'apprenne si vous plaist le suiet de vos maux.

CELINTE.

Ie veux qu'auparauant nostre amour s'entretienne,

Tu sçauras ma fortune, & i'apprendray la tienne.
GVSTAPHE.
Helas qu'apprendra-t'elle!
CELINTE.
O mon plus cher thresor!
Doncques il m'est permis de te reuoir encor,
Donc ie puis soulager ma pure, & chaste flame
Par d'innocens baisers, ô mon Prince!
GVSTAPHE
O Madame!
Qui ne seroit sensible au soucy quelle prend?
Hâ cet excez d'amour fait mon peché plus grand!
CELINTE.
Que tu m'as fait pleurer, que i'ay maudy les armes,
Iamais pour vn amant on ne vit tant de larmes,
Et i'en ay plus versé pour la fuite du mien
Que Didon pour la fuite, & le crime du sien,
Ie m'estimois l'obiet qui te faisoit tout faire,
Et quand on t'acusoit d'auoir trahy ton pere,
Mon esprit sans le croire oyant parler de toy
Pensoit qu'on t'acusast de me fausser la foy,
Et si quelqu'vn disoit, c'est vn Prince rebelle,
Vous mentez, répondois-ie, il m'est tousiours fidelle.
La Cour auoit pitié des pleurs que ie versois,
Combien a-t'on voulu les essuyer de fois?
Mais de cette douleur que mon ame a sentie
Les consolations ont fait vne partie,

Quelquefois ie trouuois des diuertiſſemens
Aux liures qui traittoient des malheureux Amans,
Y voyant d'vn Pâris Enon? abandonnee,
Et balançant mon ſort auec ſa deſtinee,
O riuale d'Helene! ô mon doux entretien!
Mon malheur, m'eſcriois-ie, eſt moindre que lé tien,
Quoy qu'ait fait contre moy la fortune inhumaine,
Ie n'ay que partagé la moitié de ta peine,
Veu que l'aimable obiet de ton ennuy preſſant
Fut abſent, et volage, & le mien n'eſt qu'abſent.
C'eſt comme i'ay veſcu depuis que la fortune
Rend a mes paſſions ta diſgrace commune,
Mais as-tu conſerué ton amour, & ta foy?
As-tu faict, cher amant, ce que i'ay fait pour toy?
T'es-tu bien ſouuenu de la pauure Celinte.

GVSTAPHE.

Quoy qu'on ait entendu mes ſouſpirs, & ma plainte,
Icy mon ame auoüe à ſa confuſion
Qu'elle a trop peu ſouffert en cette occaſion,
Voſtre abſence n'eſt pas vn tourment ordinaire,
Enfin ie n'ay pas fait ce que ie deuois faire.

CELINTE.

Par là tous les amans cherchent à diſcourir,
Tu veux dire comme eux que tu deuois mourir,
Mais ton heureuſe vie eſt indigne de blâme.

GVSTAPHE.

Non, ie ſuis criminel, ie m'acuſe, Madame,

Ie n'ay point témoigné ce iuste deseſpoir
Que loing de vos beaux yeux ie deuois conceuoir,
Ie n'ay point reſſenty cette ardeur bien-aymee
Dont mon ame à iamais deuoit eſtre enflamee,
I'ay reueré trop peu de ſi charmans appas,
Croyez-le, ma Princeſſe.

CELINTE.

Há ie ne le croy pas.

GVSTAPHE.

Qu'en cet aueuglement ſon ſort eſt pitoyable,
Et que mon crime eſt grand puis qu'il eſt incroyable.
Madame, il n'eſt plus temps de le diſſimuler,
Qui pécha ſans rougir, ſans honte doit parler,
Voſtre cœur qu'il faudra que ma mort ſatisface
A beſoin de conſtance, & i'ay beſoin de grace,
Tous les retardemens ſont icy ſuperflus.

CELINTE.

Quelle grace veux-tu?

GVSTAPHE.

Que vous ne m'aymiez plus.

CELINTE.

Ma haine eſt-ce vne grace?

GVSTAPHE.

Vne faueur inſigne.

CELINTE.

Quoy mon amour vous nuit?

GVSTAPHE.

GVSTAPHE.

Non, mais i'en suis indigne.
Le dois-ie reueler?

CELINTE.

Vous en estes prié.

GVSTAPHE.

Ie suis.

CELINTE.

Acheuez tost, vous estes?

GVSTAPHE.

Marié.

CELINTE.

Vous estes marié.

GVSTAPHE.

Telle est ma destinee,
Et vous auez raison d'en paroistre étonnee.

CELINTE.

Possible raillez-vous.

GVSTAPHE.

Hâ Madame, en ce point
C'est à mon grand regret que ie ne raille point,
Helas, ie vous raconte vne chose trop vraye.

CELINTE.

O comble de mes maux ! ô ma derniere playe !
Mais mon ame à ce coup se deuoit preparer.

GVSTAPHE.

Madame, c'est vn trait que ie n'ay sceu parer,

Malgré

Malgré ma paßion qui s'en vouloit deffendre
Du Roy de ce pays le Sort m'a faiɛt le gendre,
Comme tel d'Artaban i'ay l'orgueil abatu
Vous tirant des prifons.

CELINTE.

Que ne m'y laiſſois-tu,
Ou que n'as tu fur moy ta rigueur aſſouuie,
Doux, et cruel tyran du repos de ma vie;
Pour toy feul i'ay couru les terres, et les Mers,
Et quand ie t'ay trouué i'apprens que ie te pers,
Comme vne autre Ariane enfin fuïs-ie abufee,
O perfide heritier du crime de Thefee?
Mais pourquoy, Dieux cruels, vênois-ie de fi loin
Rendre de mes malheurs mon œil mefme témoin?
A quoy ce veftement eftoit-il neceſſaire?
Deuois-ie en faire vn comble à ma propre mifere?
Helas, et ma conftance, et ma fuite, et mes pas
Confondent cet ingrat, mais ne l'amendent pas.
Il m'eftoit bien plus doux de languir dans la plainte
Que d'aller au deuant des effets de ma crainte,
Et quand pour éuiter le paternel courroux
Ie te voyois en fuite, il m'eftoit bien plus doux
D'en fentir le regret, qu'vne pareille iniure,
Et de te plaindre abfent que de te voir pariure,
Mais ris de ton bon-heur, feins comme tu voudras,
Quelques biens qu'ait l'amour, tu ne les goûtes pas,
D'vn remors éternel ton ame eft trop gehennee,

K

Enfin quelques douceurs que t'offre l'hymenee,
Tu n'en dois malheureux, sauourer que le fiel,
Où ta bonne fortune est le crime du Ciel.

GVSTAPHE

Il est vray, i'ay failly, vous estes outragee,
Que ne suis-ie puny, que n'estes-vous vangee.

CELINTE.

Pardonnez, si ie cede à mon ressentiment,
Ie ne puis retenir ce premier mouuement,
Mais dans mon desespoir trop long-temps ie demeure,
Mes transports sont finis, permettez que ie pleure,
Ne me refusez point ce bien-fait qui m'est dû,
On ne peut moins donner à qui vous a perdu,
Sur moy l'amour vous laisse vn Empire supréme,
Ie vous honore en maistre, & ne voudrois pas mesme
Donner quelques soûpirs à mes tristes douleurs,
Ny sans vostre congé disposer de mes pleurs,
Laissez m'en donc verser.

GVSTAPHE.

Pleurons tous deux, Madame.

CELINTE.

Et pourquoy sans besoin affliger vostre femme?
Les larmes d'vn époux la feroient soûpirer,
Si le malheur vouloit qu'elle vous vit pleurer.
Non, non, n'alterez point des voluptez parfaites,
Estes vous bien-heureux? viuez comme vous estes,
Quoy que vous m'ayez fait, les Dieux me sont tesmoins

Que mon cœur offensé ne vous ayme pas moins;
Et puis vous auez l'ame & si noble, & si pure,
Que le vice dans vous peut changer de nature,
Ou du moins quoy qu'affreux en vous il peut trouuer
Dequoy se rendre aimable, & se faire approuuer.
Enfin ne craignez pas que ie vous importune,
Ie ne viens point troubler vostre heureuse fortune,
Ny pour l'auancement de mes prosperitez
Bastir sur le débris de vos felicitez,
Faites-moy seulement vne derniere grace.

GVSTAPHE.

Apres ce que i'ay fait que faut-il que ie fasse?

CELINTE.

Souffrez qu'en ces habits ie serue la beauté
Qui triomphe du prix de ma fidelité,
Ie rendray des effets d'vne humble obeissance,
Pour apprendre à seruir i'oubliray ma naissance,
Et ie ne veux borner le repos de mes iours
Que du bien de la suiure, & de vous voir toujours.

GVSTAPHE.

Mais personne en ces lieux ne me cognoist, Madame,
I'y passe pour suiet, mon sort mesme à ma femme
Pour de iustes raisons ne s'est point auoüé.

CELINTE.

Vous n'estes point cognu? le Ciel en soit loüé,
Qui me donne vn moyen de vous montrer encore
Par ma discretion combien ie vous honore,

GVSTAPHE.

Ie ne reueleray voſtre nom, ny vos faits,
I'ayme voſtre repos, & ie vous le promets.
DonneZ donc ce remede à des flames ſi pures.

GVSTAPHE.

I'y conſens, mais ſçachons vos triſtes auantures,
Combien que le recit m'en ſoit de mauuais goût,
De grace,

CELINTE.

En temps, & lieu ie vous conteray tout.

GVSTAPHE.

Et moy, les ordres mis dans la place conquiſe,
Ie vous mene en la ville où l'on en ſçait la priſe,
En chemin vous ſçaurez que la neceſſité
M'a forcé de commettre vne infidelité.

ACTE V.
SCENE PREMIERE.

ORIANE. MELISE.

ORIANE.

E ieune homme possede vne grace infinie,
Son entretien me plaist, i'ayme sa compagnie,
Et me sens redeuable aux faueurs du destin
Qui ioint à nostre palme vn si riche butin,
A son courtois abord mon plaisir se redouble;
Pourquoy n'est-il icy?

MELISE.

Quelque chose le trouble,
Et si ie puis iuger de l'ame par le front,
Ie croy qu'il est touché de quelque ennuy profond,

ORIANE.

D'où peut naistre en son cœur cette tristesse extréme,

Et ces secrets soûpirs ? helas ie crains qu'il ayme!
Ie ne fay pas pourtant mon interest du sien,
Ce n'est que par pitié.

MELISE.

Vrayment on le sçait bien.

ORIANE.

De quoy riez vous donc!

MELISE.

De quoy ? de rien, Madame.

ORIANE.

N'estimerez vous point qu'il a gaigné mon ame?
Et ne croirez-vous point qu'vne confession
Qu'on fait de sa vertu l'est de ma passion?
Vous estes bien étrange, il faut que ie l'auouë,
Si ie voy ie suis prise, & i'ayme quand ie louë.

MELISE.

Vous pourrois-ie accuser d'vn semblable forfait?
Vous estes trop constante, Araspe est trop parfait.

ORIANE.

Ne parlons point d'Araspe, & puis que nous y som-
    mes
Parlons de l'étranger la merueille des hommes,
De cet obiet charmant, les delices des yeux,
Qui d'vn simple discours persuaderoit mieux
Que celuy dont la voix déracina des arbres,
Rauit l'ame aux humains, & la mit dans les marbres,
Mieux fait que ce berger, qui dans vn long sommeil

Receut mille baisers de la sœur du Soleil,
Que ce iuge au milieu d'vne trouppe immortelle
Quand il dit à Venus, vous estes la plus belle,
Et plus beau mille fois que ce beau langoureux
Qui caiolla son ombre, et mourut amoureux,
I'admiré ses attraits, son port, son eloquence
De là selon ton gré tire vne consequence.

MELISE.

C'est trop bien s'expliquer, puis qu'il vous plaist ainsi
Ie veux vous l'amener.

ORIANE.

Demeure, le voicy.

SCENE DEVXIESME.

ORIANE. MELISE.

CELINTE.

ORIANE.

Q Voy qu'ait fait pour le biē d'vne grāde Prouince
La valeur d'vn suiet digne du nom de Prince,
Sa generosité qui s'estend dessus tous
Vous donnant à ma sœur a bien plus fait pournous,
Quelque rare butin qui pare sa victoire,

Vous faites pour le moins la moitié de sa gloire,
Ma sœur sans estre ingrate à vos affections
Ne vous peut refuser ses inclinations,
Sur tout luy témoignant l'ardeur qui vous transporte,
Mais demeurons icy iusqu'à ce qu'elle sorte,
Auecque cet époux aymable & sans pareil,
De la chambre Royale où l'on tient le conseil,
I'apprendray cependant quelle est vostre auenture.

CELINTE.

Voulez-vous partager les douleurs que i'endure?
Le recit de mes maux ne vous peut diuertir,
Se faisant écouter ils se font ressentir;
Toutefois pour vous plaire, apprenez-les, Madame.
De tant de passions qui tyrannisent l'ame,
Celle qu'on sçait agir le plus cruellement,
L'amour.

ORIANE.
Quoy vous aymez?
CELINTE.
        Helas c'est mon tourment!
ORIANE.
Mais l'amour, s'il est iuste est doux aux belles choses,
Et contre les beaux cœurs ne tire que des roses,
D'où peut donc prouenir que l'heureuse beauté
Qui charme vos esprits vous a si mal traité?
Est-elle ingratte?

CELINTE.

GELINTE.

Non.

ORIANE.

                  Dans voſtre ſeruitude

Dequoy vous plaigneℤ-vous?

CELINTE.

                  De ſon ingratitude.

ORIANE.

Ce diſcours cache vn ſens remply d'obſcurité,
Eſt-elle belle?

CELINTE.

Non.

ORIANE.

           Qu'aymeℤ-vous?

CELINTE.

                        Sa beauté.
Ne vous étonnez point, la cauſe de ma flame
Afin de m'expliquer, n'eſt ny fille, ny femme.

ORIANE.

Vous n'aymeℤ donc perſonne, ou vous n'aymez que
   vous.

MELISE.

Ne ſçaueℤ-vous pas bien que les amans ſont foûs?
Ce que dit l'étranger ſe fait aſſeℤ comprendre,
Mais qu'il change l'obiet qui le reduit en cendre,
Cette ingrate maiſtreſſe, il en eſt dans ces lieux
Qui ne luy cedent pas, & le traiteront mieux.

                              L

ORIANE.

Ne luy conseillez point de parestre infidelle,
Ce qu'il aime est aymable, & la constance est belle.

MELISE.

Luy donnant ce conseil ie vous fay bien du tort.
Mais n'aperçoy-ie pas la Princesse qui sort,
Et celuy qui la mene, ils deuisent ensemble.

CELINTE voyant Amasie.

O ma rage! ô ma honte! & ie brûle, & ie tremble!
Ie voy de grands attraits, & par ce que ie voy
L'inconstance peut bien s'excuser deuant moy,
Cet œil peut d'vn regard faire cent homicides,
Et contre l'équité deffendre cent perfides.

SCENE TROISIESME.

GVSTAPHE. AMASIE.

CELINTE. ORIANE.

MELISE.

GVSTAPHE.

A Ma felicité trop de malheur est ioint,
Le Roy me traitte mal.

AMASIE.

Ne vous en faschez point,
Le Ciel, & vostre bras feront voir à mon pere
Ce que vous meritez.

GVSTAPHE.

C'est comme ie l'espere.
N'en parlons plus, Madame, & iugez en effet
Si ie vous ay promis vn Ecuyer parfait.

AMASIE.

Dieux ! qu'il est accomply, si l'ame & le courage
Dans leur perfection répondent au visage,
Son entretien, ma sœur, a-t'il de l'agrément.

ORIANE.

Il n'est pas ennuyeux ; helas qu'il est charmant !

CELINTE se iettant aux pieds d'Amasie.

Beauté dont rien n'égale, & la gloire, & la pompe,
Ce n'est pas la raison qu'vn vestement vous trompe,
En me donnant à vous ie me découure à vous,
Et pour ma seureté i'embrasse vos genoux;
Voyez en regardant vne fille amoureuse
Dans sa fidelité la vertu malheureuse,
Ie la suis, par ce sein dont l'amour est vainqueur
Qui fut iadis aymable, & qui couurit vn cœur,
Vous pouuez bien cognoistre.

ORIANE.

O Dieux!

GVSTAPHE.
MELISE.

Que de merueille.

AMASIE.

Pouuons noûs croire icy nos yeux, & nos oreilles?

GVSTAPHE à Celinte tout bas.

Quoy de voſtre promeſſe eſt-ce là donc l'effeċt?
Helas qu'auez-vous dit!

CELINTE.

Helas qu'auez-vous fait!

AMASIE.

Prend courage, ma fille.

GVSTAPHE à l'écart.

Hâ Prince déplorable!
Elle s'en va tout dire, & ie ſuis miſerable.
O malheur!

AMASIE.

En effet le malheur eſt bien grand
Quand il fait de ſoy-meſme vn obiet differend,
Mais quels ſont tes deſtins, ton rang, ton exercice?

GVSTAPHE.

Nous l'apprendrons, Madame, apres le ſacrifice,
Nous n'auons pas icy comme nous le voulons,
Ny le temps, ny le lieu pour des diſcours ſi longs:

AMASIE.

I'écouterois ſans peine vne hiſtoire plus ample.

CELINTE à Guſtaphe.

Madame, aura le temps d'offrir ſes vœux au temple,

L'heure ne presse pas, ie diray peu de mots,
Et l'on ne peut choisir vn lieu plus à propos.

GVSTAPHE à l'écart.

Sa persuasion demeure la plus forte,
Pour ne la point entendre, il faudra que ie sorte.

CELINTE le retenant.

Qu'vn recit de mes maux que leur cause rend doux
Recompense le bien que i'ay receu de vous
Qui faites respirer ma captiue innocence,
Ajoutez y de grace vn peu de complaisance;
Ie n'attends pas de vous des souspirs, ny des pleurs,
A peine en donnez-vous à vos propres douleurs,
Dans ce feu de ieunesse où ie voy que vous estes
Pour ne corrompre pas des voluptez parfaites
Vous ne ressentez point ce qu'il faut ressentir,
Enfin vous n'écoutez que pour vous diuertir:
Ie sçay que vous nommez vne bouche importune
Qui vous conte vn malheur, sur tout quand l'infor-
tune
Dont le triste rapport interrompt vos ébas
Touche certains obiets qui ne vous touchent pas.
Mais icy vostre aspect est vn bien necessaire,
Et ie m'efforceray de ne vous pas déplaire.

GVSTAPHE tout bas.

Ne me puis-ie seruir de quelque inuention?
Que ne suis-ie inuisible en ma confusion!
Helas de son discours quel effet dois-ie attendre!

CELINTE.

Ecoutez seulement.

AMASIE.

Ie brûle de t'entendre.

Ce sont là tous mes vœux.

ORIANE.

C'est là tout mon bon-heur.

MELISE.

Ce sont tous mes desirs.

GVSTAPHE, tout bas.

Et c'est toute ma peur.

GELINTE.

La Perse est le climat où i'ay veu la lumiere.

GVSTAPHE bas.

O le beau fondement de ma ruine entiere!

CELINTE continuë.

Et i'ay receu, Madame, en cet heureux seiour
Le titre de Princesse en receuant le iour.

AMASIE.

Quoy les Dieux en naissant vous ont faite absoluë?
En cette qualité souffrez qu'on vous saluë,
Que dis-tu, cher époux, d'vn tel euenement?

GVSTAPHE.

La fortune est étrange.

MELISE.

O Dieux quel changement!

ORIANE assez bas.

Quelque honneur que le Ciel luy donne, ou luy re-
ferue,
Il faut que son pouuoir, s'il veut que ie la serue,
En luy rendant le corps conforme à ses habits
Fasse vne verité de la Fable d'Iphis.

CELINTE.

Celinte est donc mon nom assez remply de gloire,
Mon amant.

GVSTAPHE l'interrompant.

                    I'apprendray la suite de l'histoire.
Vne affaire icy prés m'appelle, & promptement,
Il faut que ie vous quitte.

AMASIE le retenant.

                    Attendez; vostre amant?

CELINTE.

Helas dois-ie nommer cet aymable perfide.
Ce meurtrier inhumain de sa douce homicide?

GVSTAPHE

Elle va reueler pour le prix qui m'est dû
Mon nom, mes faits, mon estre, enfin ie suis perdu.

AMASIE.

Remettez ce discours.

CELINTE.

                    Non, ie le veux poursuiure.

AMASIE.

I'ay pitié de vos pleurs.

CELINTE.

     Et mes pleurs me font viure,
La mort eût dés long-temps mon martyre abregé
Si mon cœur par mes yeux ne se fut soulagé:
Ce traistre, mais, Seigneur, auant que ie le nomme,
Vous me pardonnerez si i'offence vn tel homme,
Vous pouuez bien iuger que c'est auec raison
Que ie veux m'assurer d'vn semblable pardon,
Puis qu'ayant à parler contre vn homme volage
Ie dois contre le sexe animer mon langage,
Et ce que i'en puis dire est de vostre interest,
Car estant homme aussi vous estes ce qu'il est,
Sans plus vous rien celer apprenez donc, Madame,
Que Gustaphe est l'autheur de ma cruelle flame,
Ie veux nommer ainsi le tourment qu'il me fait,
Et du nom de sa cause appeller vn effet,
Luy qui fit mon bon-heur maintenant le renuerse.

AMASIE.

Quoy l'aisné des enfans du Monarque de Perse?
Ce courage rebelle, ambitieux, ingrat,
Et qui contre son pere a souleué l'état?
Celuy dont chez les siens la memoire est haie?
Celuy qui s'est sauué?

CELINTE.

     Celuy qui m'a trahie,
En luy ie ne remarque aucun autre forfait,
Voila ce que ie sçay de tout ce qu'il a fait,

             Sans

Sans iuger ſi ſa faute eſt ſuppoſee, ou vraye,
S'il a bleſſé l'état, ie regarde ma playe,
C'eſt dequoy ie l'accuſe, et comme ie le croy
Seulement le pariure a failly contre moy.
Auſſi pour ma vengeance il n'eſt pas neceſſaire
Que ie faſſe en ce lieu crier à ma colere,
Ce courage rebelle, ambitieux, ingrat,
Contre ſon propre pere a ſouleué l'état,
Mais a rompu les nœux d'vne amour legitime,
Pour le rendre odieux il ſuffit de ce crime;
Il me donna ſon cœur, ie luy donnay le mien,
Il le poſſede encore, & ie n'ay plus le ſien,
Et ce rebelle fils, & cet amant pariure
Outrage en meſme temps l'amour, & la nature,
Ayant fait reſſentir des traits de ſa rigueur
Meſme à ſon propre ſang, meſme à mon propre cœur.
Ce fut pour m'affronter qu'il attaqua ſon pere,
L'ingrat luy fit la guerre afin de me la faire,
Il ne prit le poignard que pour m'ouurir le ſein,
Et ſon ambition ſeruit à ce deſſein,
Son proiet ſe découure, vn pere s'en irrite,
Et ſous ce beau pretexte il s'abſente, & me quite,
Les armes à la main ce pere le pourſuit,
On donne vne bataille il la perd, & s'enfuit:
Ie croy qu'il fut rauy d'éloigner mon viſage,
Le Roy bien que vainqueur n'eut pas tout l'auan-
   tage,

M

La guerre eut pour tous deux vn triste euenement,
Et l'infidelité triompha seulement.
Qu'est-ce que n'entreprend la fille la plus sage
Quand elle a de l'amour auecque du courage?
Ie forme, & i'execute vn genereux dessein,
Ie sors, ie me déguise & m'embarque soudain.
Ie ne vous diray point combien m'ont fait la guerre
L'amour, le desespoir, le Ciel, l'onde, & la terre,
Outre que ce recit vous seroit ennuyeux,
Qu'il pourroit attirer des larmes de vos yeux,
C'est que i'honore vn traistre, & ie suis assuree
Que l'ingrat dont pour nous la foy s'est pariuree,
Qui bien-heureux qu'il est pense à se réjouyr
En quelque lieu qu'il soit ne les veut pas ouyr.
Donc pour ne point vser d'vn importun langage,
I'arriue au Turquestan, ce port est mon nauffrage,
Car à peine les vents m'auoient poussee au bord
Que ie tombe au pouuoir des Soldats de ce fort,
Ou passant pour vn homme, & sans estre cognuë
Vne étroitte prison m'a long-temps retenuë,
Et i'y serois encor si ce cœur indompté
N'eut retiré mon corps de la captiuité,
Il a par ses discours mes tristesses bannies,
Enfin i'en ay receu des faueurs infinies,
Et ie luy dois beaucoup, ayant comme ie veux
L'honneur de vous offrir mon seruice, & mes vœux

GVSTAPHE bas.

O Dieux! qu'elle eſt diſcrette, à la fin ie reſpire.

AMASIE.

Vous auez ſur nos cœurs vn ſi puiſſant Empire,
Qu'il n'eſt rien qu'ayſément vous n'obteniez de nous,
Seruez-vous de nos ſoins, ce Prince eſt tout à vous,
Luy qui cognoiſt l'amour, qui reuere ſes flames,
Sçait punir vn pariure, & proteger les Dames,
Ne ſoûpirez donc plus, mais éclairciſſez-moy,
Le ſoupçon que Guſtaphe ait engagé ſa foy
N'eſt peut-eſtre fondé que ſur la coniecture.

CELINTE.

La clarté du Soleil eſt cent fois plus obſcure,
Que dois-ie de ſa flame eſperer deſormais?
Luy qui fut inconſtant ne le ſera iamais,
Vn obiet accomply ſur ſon ame preſide,
Vn change auantageux l'a fait heureux perfide,
L'amour de ſon peché le recompenſe ainſi,
Et iamais trahiſon n'a ſi bien reüſſy. Regardant Guſtaphe
               du coin de l'œil.
Mais, cruel, vy content, que ton aiſe redouble,
Et n'apprehende point que ma plainte la trouble,
Voy mon reſſentiment, regarde ſans trembler
Iuſqu'où des amoureux la fureur peut aller,
T'addreſſer tous mes vœux ſera mon allegeance,
Et t'aymer malgré toy ce ſera ma vengeance,
Entens d'où l'on te voit le ſerment que ie fais,
Ie iure à tes plaiſirs vne eternelle paix,

GVSTAPHE.

Et de ne publier tes deffaux, ny ta race.

GVSTAPHE bas.

Ie vous entens, Madame, & ie vous en rends grace.
Les Dieux en soyent benis, me voila r'asuré
De la peur que i'auois que tout fut declaré.

CELINTE.

Mais, ô grande Princesse, admirez la peinture
De l'adorable obiet du tourment que i'endure.

AMASIE.

Vous auez son portrait?

CELINTE.

Ie vay vous le monstrer,

Et vous confesserez qu'on le doit adorer.

GVSTAPHE.

Dieux ie n'ose répondre à cette flatterie!
Helas c'est à ce coup!

ORIANE.

Voyons-le, ie vous prie,

Vous le verrez, mon frere.

GVSTAPHE.

On le dépeint si noir,

Qu'auec iuste raison i'apprehende à le voir,
Priez là de cacher cet obiet de sa haine,
Qu'en seruira la veuë? elle prend trop de peine.

CELINTE.

Le cœur de mon ingrat n'est pas dans ce tableau,
Vous ny pouuez rien voir qui ne vous semble beau,

Contemplant vn visage où la candeur preside
Sans que l'œil y remarque vn seul trait de perfide.
Mais ou l'auray-ie mis?

AMASIE.

Cherchez vous ce portrait?

CELINTE.

Il ne me souuient plus de ce que i'en ay fait.

AMASIE.

Hé bien vne autrefois nous en aurons la veuë.

GVSTAPHE bas.

Rare discretion dont son ame est pourueuë!

CELINTE se tournant vers luy.

Va, peche en assurance, on couure tes pechez.

AMASIE.

Certes de vostre ennuy mes esprits sont touchez,
Mais n'en monstrez pas tant pour vn Prince vo-
*   lage,*
Et que vostre malheur cede à vostre courage,
Souffrez puis qu'vn bon vent vous fait surgir au
*   port,*
Que le Prince mon pere apprenne vostre sort,
Ses soins conserueront de toute leur puissance
L'honneur de vostre sexe, & de vostre naissance,
Et pour moy vous seruant ie veux vous faire voir
Que l'amitié m'y porte autant que le deuoir.

ORIANE.

Ie vous en dis autant, belle & sage Princesse,

La douleur qui vous touche également me bleffe,
Voftre entretien m'eft cher.

plus bas.

　　　　　　　　　Aufſi m'a-t'il couſté
Vne heure d'inconſtance, & de legereté.

AMASIE.

De ce pas ie vous mene au palais de mon pere,
Vos trauaux finiront.

CELINTE.

　　　　　　Madame, ie l'eſpere.

SCENE QVATRIESME.

GVSTAPHE reſté ſeul.

HA que ne peuuent-ils en conſeruant ma foy
Comme ils font neʒ pour moy finir aufſi par
　　moy!
Que ta fidelité n'eſt-elle couronnee,
Que n'es-tu bien-heureuſe, amante infortunee!
Icy ta retenuë, & ta diſcretion
M'eſt vn ſenſible effet de ton affection;
Certes i'en ſuis aymé d'vne amour non commune,
Sa bouche d'vn ſeul mot ruinoit ma fortune,
Cependant ce ſeul mot n'en eſt pas échappé,

Elle a leué le bras, et ne m'a point frappé,
Elle a voulu fans plus me voir dans la contrainte,
Et fon reffentiment a finy par ma crainte,
Celle que l'inconftance a pû tant outrager
S'eft vangee en monftrant qu'elle fe peut vanger.
Sa colere fur moy n'eft guere impetueufe,
Qu'elle eft paffionnee, ou qu'elle eft vertueufe,
Et que ie fuis iniufte, & remply de rigueur
D'auoir pris vne pomme ayant receu fon cœur!
Ie deuois refufer cette faueur extréme,
Et dire en m'excufant, i'ayme vne autre qui m'ayme,
Auffi dois-ie eftre trifte en mes plaifirs nouueaux.
Non , les remords font laids quand les crimes font
   beaux,
Ce penfer vient trop tard troubler ma fantaifie,
Celinte, ie vous plains, ie vous ayme, Amafie,
Mais que me veut Ormin?

SCENE CINQVIESME.

ORMIN.

Ie vous cherche en tous lieux,
Suiuez-moy seulement, & rendez grace aux Dieux.
GVSTAPHE.
Quel est-ce bon succez ? dy sans plus de remise.
ORMIN.
La fortune est pour vous, le Ciel vous fauorise,
Vostre frere est chez moy.
GVSTAPHE.
Qui ? mon frere Zarir ?
ORMIN.
Il vient vous assurer, mais c'est trop discourir.
GVSTAPHE
Acheue, au nom des Dieux.
ORMIN.
Que le Roy vous pardonne,
Et par luy vous r'appelle auprés de sa personne.
GVSTAPHE.
Mon pere me pardonne ?
ORMIN.
Apprenez en deux mots

Ce qui vous comble d'aise, & nous met en repos.
Ce pere contre vous animé de vengeance
A fait à la fureur succeder la clemence,
Et voulant vous reuoir auant que de mourir
Sur cette noble enuie a depesché Zarir,
Vn si doux mandement a rauy ce beau Prince
Qui vous croyant errer de Prouince en Prouince,
Auec fort peu de suite est venu dans ces lieux
S'acquiter enuers vous de ce deuoir pieux.

GVSTAPHE.

Ne t'en étonne point, par des lettres secrettes
Il a tousiours appris les lieux de mes retraittes,

ORMIN.

Enfin il est venu, se deffiant d'abord
Que i'estois par vous-mesme instruit de vostre sort,
Bon vieillard, m'a-t'il dit, amene icy mon frere,
Ie le viens assurer du pardon de mon pere,
S'il paroist incredule en ce bon-heur present,
Dy luy que i'en apporte vn gage suffisant,
Il m'a dit par trois fois cette mesme parole,
Rauy de ce discours, ie ne cours pas, ie vole;
Mais mon esprit douteux ne sçait ce qu'il entend
Par ce gage certain dont il nous parle tant,
I'en tire toutefois vn fauorable augure.

GVSTAPHE.

N'a-t'il pas sçeu de toy ma nouuelle auanture?

N

GVSTAPHE.
ORMIN.

Ce bon-heur eft vn comble à fon contentement.
Mais ie vous en dy trop, fuiueʒ-moy feulement.
GVSTAPHE.

Ie poffede Amafie, vn pcre me pardonne,
Ie gagne vne victoire, & Celinte m'eft bonne,
Quels heureux changemens, que de biens en vn iour,
Soyeʒ benis, deftin, nature, Ciel, amour!

SCENE SIXIESME.

LE ROY. CELINTE.

AMASIE. ORIANE.

MELISE.

LE ROY à Celinte.

EProuueʒ en ce lieu la fortune tranquille,
S'il ne vous eft vn temple, il vous eft vn aʒile,
L'on y peut rendre hommage à voftre qualité,
Et vous y pouuez viure en toute feureté.
D'ailleurs n'eftimeʒ pas qu'icy ie confidere
Voftre condition plus que voftre mifere,
Vous aurieʒ obtenu ce que vous obtenez,
Quand ie n'aurois pas fçeu le rang que vous tenez,

L'on vous aßistera vous cognoiſſant Princeſſe
Auecque plus de pompe, & non plus d'allegreſſe,
Et le ſecours que i'offre, & conſacre à vos vœux
N'en ſera pas plus grand, mais plus reſpecteux.

CELINTE.

I'ay déja recognu, tres genereux Monarque,
De vous, hors de vous-meſme vne Royale marque,
Par le doux traitement que mes aduerſirez
Ont auiourd'huy receu de ces deux deitez,
Sans voir de vos vertus des marques plus expreſſes,
Ie n'ay que trop cognu voyant ces deux Princeſſes
Vſer en mon endroit d'vn naturel ſi franc,
La ſource d'vn ſi noble, & ſi genereux ſang.
Mais à qui veut mourir toute aßiſtance eſt vaine.

LE ROY.

Madame, que l'eſpoir ſoulage voſtre peine,
Vos deſtins changeront, vous les verrez plus doux,
Le Ciel & ſa Iuſtice auront pitié de vous.

SCENE SEPTIESME.

ARASPE en defordre.

S Ire, tout eft perdu !

LE ROY.

Quelle trifte nouuelle?

ARASPE.

Ce braue fils d'Ormin.

LE ROY.

Que fait-il!

ARASPE.

Se rebelle,
On le proclame Roy, tout le peuple affemblé
Paroift de ce malheur plus ioyeux que troublé.

LE ROY.

Há Ciel !

ARASPE.

Ce vous eft peu de perdre la Couronne,
Sire, craignez, fuyez, fauuez voftre perfonne.

LE ROY.

Mourons pluftoft, Arafpe.

ORIANE.

O malheur fans pareil

Qui luy peut inspirer ce damnable conseil?

MELISE.

Aussi i'ay remarqué des troubles dans son ame
Alors qu'il écoutoit l'histoire de Madame,
Il s'est par complaisance entre nous arresté
Auecque tous les traits d'vn esprit agité.

AMASIE.

Il n'auroit pas rompu la foy qu'il m'a iurée

LE ROY.

Tu le veux excuser, fille dénaturee,
Tes parricides mains l'ont armé contre nous,
Il est mon meurtrier, car il est ton époux.
Mais ce page est à luy, sçachons ce qu'il demande,
Il m'aborde, écoutons.

SCENE HVICTIESME.

PAGE.

Sire, le Roy vous mande.

LE ROY.

Quel Roy?

PAGE.

Sa Maiesté vous attend chez Ormin
Le Diadéme au front, & le Sceptre à la main.

LE ROY.

I'y vay.

MELISE.

Dieux quelle audace!

ORIANE.

Hé Sire! prenez garde
Que voftre Majefté fans befoin fe hazarde.

LE ROY.

O ma fille innocente! étouffe cette peur,
Se faut-il deffier de l'époux de ta fœur?
Non, ie veux qu'à fon comble vne grandeur arriue,
Que dans ce beau deffein tout le monde me fuiue,
Mais afin de paroiftre aux yeux du déloyal,
Qu'on me donne mon fceptre, & mon bandeau Royal,

De mon pouuoir paſſé glorieuſes reliques,
Qu'ils me chargent encor ces fardeaux magnifiques,
Tout ſuperbe qu'il eſt dans ſa déloyauté
Le perfide verra qu'il ne m'a rien oſté.

SCENE NEVFIESME.

ZARIR. GVSTAPHE.

ORMIN. SOLDATS.

ZARIR mettãt la Courõne ſur la teſte de Guſtaphe.

R Eſpectez ſeulement celuy qui vous la donne,
Vn pere ſatisfait par ma main vous couronne,
Et ſa clemence a faict voſtre punition
De ce qui fut l'obiet de voſtre ambition.
GVSTAPHE   auec les ornemens Royaux.
Hâ! c'eſt trop m'obliger, pourquoy faut-il qu'vn frere
Ioigne ſa courtoiſie aux bontez de mon pere?
Tu deuois ſeulement m'apporter le pardon,
Et retenir pour toy ce magnifique don.
ZARIR,
Voſtre main de ce ſceptre eſt plus digne qu'vne autre,
Et l'Empire a beſoin d'vn bras comme le voſtre,
Regnez, le Ciel le veut.

GVSTAPHE

                Ie regneray pour toy,
Et tu seras le frere, & le maistre d'vn Roy.
Quel assez digne prix sera la recompence
De tes heureux conseils, & de ton assistance?
Ie veux que ton repos, sage, & courtois vieillard,
De ma felicité fasse vne bonne part.

ORMIN.

Vous voyant posseder vne grandeur parfaite
I'ay ce que ie merite, & ce que ie souhaite.
Mais i'apperçois le Roy qui vous vient receuoir
Dans la pompe qui marque vn souuerain pouuoir.

SCENE

SCENE DERNIERE.

GVSTAPHE. LE ROY. ZARIR.

AMASIE. ORIANE.

CELINTE. MELISE.

ARASPE. ORMIN.

SOLDATS.

GVSTAPHE.

QVelles graces, destin, ne te va t'on pas rendre?
Approuue, Roy superbe, & caresse ton gendre,
Il a selon tes vœux tout ce que les Rois ont,
Regarde cette main, considere ce front,
Nomme moy maintenant l'honneur de ta famille,
Et ne murmure plus pour le choix de ta fille,
On m'appelle Gustaphe, & les Dieux m'ont fait Roy,
Monarque ambitieux, suis-ie digne de toy?

LE ROY.

Il dit qu'il est Gustaphe.

ZARIR.

Et moy qui suis son frere
Luy donne ce present de la part de mon pere,
Qui se montre clement comme il fut rigoureux.

O

LE ROY.

Que ma fille en ce Prince a fait vn choix heureux,
Car i'apprens qu'il succede à ces puissans Monarques,
Ie voy de sa grandeur de suffisantes marques
La Thiare, & le Sceptre où reluit le Soleil.

ORIANE.

O changement illustre!

MELISE.

O bon-heur sans pareil!

AMASIE.

Vous auoüez enfin comme ie le desire
Que i'ay fait vn bon choix, & ie te sçauois, Sire,
Deuant que i'eusse appris par sa confession
Quelle estoit sa naissance, & sa condition.

GVSTAPHE

La crainte qu'on ne sçeut le lieu de ma retraite
M'obligeoit à tenir ma qualité secrette,
Mais i'auois resolu de vous la découurir
Sur le point que les Dieux m'ont voulu secourir,
Vous ne l'ignorez plus, & ie vous fay cognoistre
Ce que le Ciel me donne, et ce qu'il m'a faict naistre,
Mesme vous déchargeant de ce tribut honteux
Qui fait de vostre Empire vn Empire douteux.

LE ROY.

Possedons nous, Araspe, vne faueur commune?

ARASPE.

Il ne m'appartient pas de loüer la fortune
Moy qui suis malheureux.

LE ROY.

Enfin ie vous entens,
Ainſi que mes deſirs vos vœux ſeront contens.
Oriane, acheuez les biens de la iournee,
Que ce Prince ait de vous la foy de l'hymence,
Vous ſçauez ſon amour, ſes vertus, ſon pays,
Et ie vous le commande,

ORIANE.

Et ie vous obeïs.

ARASPE.

O doux rauiſſement!

GVSTAPHE.

Quoy que le Ciel m'enuoye,
Il manque à mon bon-heur le repos, & la ioye
D'vn prodige amoureux d'attraits, & de beauté
Autant que de conſtance, & de fidelité.

ZARIR.

Quoy, Celinte eſt icy?

GVSTAPHE.

Touſiours pour cette belle
Voſtre ame a conſerué de l'amour, & du Zele,
Taſchez de poſſeder ce threſor de vertus,
Et qu'elle ſoit ma ſœur ne pouuant eſtre plus.

ZARIR.

Helas combien la Perſe a regretté ſes charmes,
Et combien ſon abſence a faict verſer de larmes!
Mais ie m'eſtime heureux, & ie poſſede aſſez

Voyant briller encor ces Aftres éclypſez,
Plus haut ma vanité n'oſa iamais pretendre.

LE ROY à Celinte.

Aymez-le, voſtre honneur ne vous le peut deffendre.

AMASIE.

Couronnez ſon amour & ſa fidelité.

ORIANE.

Aymez ce ieune Prince (adorable beauté.)

ZARIR.

N'accorderez-vous rien à leur iuſte demande?

GELINTE.

Il faut bien obeyr, Guſtaphe le commande.

ZARIR.

I'égale ma fortune au ſort des immortels.

GVSTAPHE.

Allons de nos encens échauffer leurs autels,
Puis apres ordonner l'appareil neceſſaire
Au voyage important que nous auons à faire
Dont la fureur des vans ne nous peut diuertir,
Il faut dans peu de temps ſe reſoudre à partir,
Puis qu'un pere le veut, que ſon cœur ne reſſire
Qu'à remettre en mes mains les reſnes de l'Empire,
Et que de mes trauaux enfin le Ciel content
Veut que i'aille occuper un throne qui m'attend.

FIN.